Les 5 portes

Fabrice Midal

Les 5 portes

Trouve le chemin de ta spiritualité

Flammarion | Versilio

ISBN : 978-2-0802-3676-0

Pour Alexis Lavis qui,
même à l'autre bout du monde,
ne cesse d'être *au plus près*.

Sommaire

Prologue 11

Première partie
LES CHOSES SIMPLES DE LA VIE

CHAPITRE 1. Pourquoi tu ne t'habites pas.... 19
CHAPITRE 2. La banalité d'une porte.......... 25
CHAPITRE 3. Enjambe le seuil !.................. 33
CHAPITRE 4. Suis-je prêt(e) ?...................... 41
CHAPITRE 5. Le présent vivant.................... 49
CHAPITRE 6. L'expérience spirituelle
à l'épreuve des neurosciences.................. 57

Deuxième partie
LE SOUFFLE DE LA VIE

CHAPITRE 7. La spiritualité, une histoire
de vie 71
CHAPITRE 8. Chevaucher les énergies.......... 75
CHAPITRE 9. Test – Quelle est ta porte ?... 83
CHAPITRE 10. La porte rouge
Le bonheur d'entrer en relation 91

CHAPITRE 11. La porte bleue
Le bonheur de la clarté 109
CHAPITRE 12. La porte blanche
Le bonheur d'être pleinement confiant... 127
CHAPITRE 13. La porte jaune
Le bonheur de la plénitude 143
CHAPITRE 14. La porte verte
La porte verte 159

Troisième partie
12 RITUELS
pour apprivoiser les 5 portes
et apprendre à (re)vivre

CHAPITRE 15. Qu'est-ce qu'un rituel ?........ 177
RITUEL N° 1. Je m'ouvre à l'énergie 183
RITUEL N° 2. Le rituel de l'appréciation 189
RITUEL N° 3. Je dépose le fardeau
émotionnel 193
RITUEL N° 4. Le cercle sacré 197
RITUEL N° 5. J'écoute mon corps 201
RITUEL N° 6. L'ange gardien –
La leçon de Socrate 205
RITUEL N° 7. Je me relie aux forces amies... 209
RITUEL N° 8. Le pouvoir de la compassion 213
RITUEL N° 9. Le rituel tibétain de l'offrande
du festin 217
RITUEL N° 10. Le rituel du pardon intérieur.. 221
RITUEL N° 11. Rituel pour retrouver
sa part d'âme 225
RITUEL N° 12. Le rituel de la souveraineté ... 229

Prologue

Il m'a fallu des années pour mesurer ce qu'il m'était arrivé ce jour-là, assis sur un banc, dans un parc, en face du lac.

J'avais seize ans. C'était une très belle journée de début de printemps et, après avoir hésité, j'avais suivi quelques copains pour m'aérer à la sortie des cours. « Copains » est un grand mot : je n'avais pas d'amis au lycée, je me sentais étranger au monde des adolescents de mon âge, nous nous regardions avec curiosité mais sans animosité. Nous entretenions des relations cordiales, sans plus. Mais je dois admettre que leurs conversations, leur enthousiasme, leurs cris me fatiguaient assez vite.

Je m'étais sans doute surestimé. Après une petite marche, la perspective de courir avec eux autour du lac, pièce centrale du parc, m'avait glacé. Je leur avais proposé de les attendre sur un banc, sous un arbre, pendant qu'ils se défoulaient. Je m'étais assis, soulagé de retrouver un peu de calme et de silence. L'air était pur, le climat idéal, le soleil jouait avec les feuilles des arbres d'un vert intense. Je les regardais s'éloigner quand cette chose m'est arrivée. Une sorte de fulgurance, d'épiphanie – un mot grandiloquent mais je ne sais pas comment la nommer autrement.

D'un coup, le temps m'a semblé s'arrêter. Une parenthèse d'éternité s'est ouverte. L'instant était fragile, j'aurais pu le balayer en n'y croyant pas, en sortant un livre de mon cartable ou en me laissant distraire par de quelconques pensées comme nous le faisons bien souvent, trop souvent. Mais je me suis laissé emporter. Je suis resté à l'écoute de cette fugacité même si je ne la comprenais pas. Sans le savoir, j'étais sans doute prêt.

Étrange voyage pour lequel mes préoccupations, mes problèmes, mes soucis se sont mis en suspens. Ils n'avaient plus d'intérêt par rapport à la densité de la présence au monde que je vivais. Mon tempérament torturé s'effaçait : je cessais de me sentir comme un bouchon de liège flottant dans le monde. Autour de moi, il n'y avait plus que les arbres. Je les regardais. En fait, non, je ne les regardais pas, j'étais immergé en eux, dans le ciel, dans la nature tout entière. Je me sentais entrer dans la vraie vie, dans la vraie réalité. Comme si, jusque-là, je m'étais contenté de la frôler...

Une impression bizarre m'a envahi : je n'avais plus d'âge. Ou plutôt, j'avais tous les âges, vingt ans, quarante ans, soixante ans. J'étais dans l'intangible : un humain assis sur un banc. Je voyais mes camarades courir au loin. Curieusement, je n'étais plus séparé d'eux. Ils ne m'étaient plus étrangers. J'étais en amitié, en fraternité avec eux comme avec le reste du monde. Je n'étais plus seul. Je n'étais plus un ovni dans le monde.

Cette expérience a-t-elle duré quelques minutes ? Une demi-heure ? Je ne saurais le dire. J'en ai émergé lentement, en continuant de la goûter. J'étais ressourcé, plein, aligné avec moi-même, mais sans nostalgie de ce que je venais de vivre. Il n'y avait plus aucune tristesse dans mon cœur. Pour la première fois depuis longtemps, j'avais dépassé ma colère contre moi, contre la vie. J'ai même pris plaisir à retrouver mes camarades : ils n'étaient toujours pas mes « vrais amis », mais leurs bavardages me paraissaient moins pénibles, leur présence moins lourde, moins écrasante. J'étais prêt à les accepter, à les aimer tels qu'ils étaient.

Je ne leur ai pas parlé de ce que je venais de vivre. Qu'aurais-je pu leur dire ? Qu'une lumière avait coloré ma vie ? Que j'étais passé, pendant qu'ils jouaient, d'un monde en deux dimensions à un monde en trois dimensions ? L'intime, quand il est très simple, ne se met pas en mots. C'est sans doute là l'origine du malentendu : nous croyons tous que de telles expériences sont réservées à une élite – les saints, les mystiques, les artistes. Or, bien que rares, elles appartiennent à la vie de chacun d'entre nous. Mais comment les raconter ? Comment dire ce vécu si intime, si fort, si vivant ?

Elles restent secrètes et un jour, imaginant les avoir rêvées, nous les balayons, nous les oublions.

Ce soir-là, en rentrant chez moi, une partie du malheur, de la lourdeur de mon adolescence s'était allégée. Le lendemain puis les jours qui ont suivi, j'ai été au lycée d'un pas plus guilleret. Je n'aimais toujours pas l'école mais, après avoir goûté à la vraie vie, après, je le sais aujourd'hui, m'être foutu la paix, un déclic s'était produit en moi. Je savais désormais que je n'étais pas condamné : à être un bon élève, un bon fils, à cette vie obligée qui m'ennuyait, qui n'était pas intéressante, pas vraie. Une vie de l'ordre du « il faut » : il faut que tu ailles à l'école, il faut que tu fasses tes devoirs, il faut que tu obéisses à tes parents, que tu les accompagnes à la fête de famille, il faut, il faut, il faut… À vrai dire, rien n'a changé au « il faut », sinon la vision que j'en avais acquise, celle d'un tunnel temporaire dont je finirais, tôt ou tard, par sortir. Et c'était si soulageant…

Je crois que c'est à ce moment que je suis passé d'une adolescence malheureuse à une adolescence heureuse parce qu'allégée. Une porte s'était ouverte, me dévoilant une dimension spirituelle de l'existence que j'avais jusque-là ignorée. Une dimension qui n'est pas dans un ailleurs quelconque, qui n'est pas une autre vie, mais qui est la doublure du réel, la densité du réel, la qualité du réel. Une dimension qui est la vérité. Elle m'a réconcilié avec ma propre vie, telle qu'elle était.

Il m'a fallu des années pour interroger cette expérience, pour l'intégrer. J'étais encore jeune à l'époque, trop jeune pour comprendre que sur ce banc, dans ce parc, j'avais touché du doigt la lumière, j'avais su qu'elle existait, que je n'étais pas condamné à l'obscurité. Au fond, il n'y avait rien de transcendant dans ce que j'avais vécu : j'avais simplement, l'espace d'un moment, par la grâce d'un vécu, réussi à être juste heureux d'être, prêt à me laisser être, indépendamment de mon identité, de mon statut, de mes ennuis, de mes angoisses.

À seize ans, je ne m'expliquais pas l'allant que j'avais retrouvé, y compris face aux petits détails de l'existence, face à l'ennui d'un quotidien banal et mécanisé qui hier encore m'enchaînait mais qui dès lors m'a beaucoup moins pesé. Ma vie s'est éclairée parce que je n'y jouais plus un rôle mais que je la vivais. Beaucoup plus tard, j'ai réalisé que j'avais touché un niveau de profondeur qui est une forme de réconciliation, d'abord avec soi.

Après le lycée, j'ai enchaîné avec l'université. J'ai même commencé par une année de droit pour faire plaisir à mes parents, avant de revenir à la philosophie et me faire plaisir à moi. Au fond, je continuais à chercher une porte qui s'ouvre, semblable à celle que j'avais déjà franchie une fois, dans ce parc. J'ai passé des années à la chercher dans l'extraordinaire, dans le merveilleux, dans l'exceptionnel. J'ignorais que c'est justement là qu'elle ne se révèle pas, ou en tout cas très difficilement. La vie, les rencontres m'ont par la suite fait réaliser que le monde ne cesse de nous proposer des portes à franchir. Elles sont là, autour de nous, ancrées dans la vraie vie. Elles sont ordinaires, le seul effort qu'elles nous demandent est de consentir à les voir et à nous en approcher pour les traverser. Dans leur banalité, elles nous ouvrent à une expérience de transformation profonde, sincère.

« Être ici est sublime », disait Rilke. Être présent sur cette terre, indépendamment de toute contingence. Nous sommes tous capables d'être ici…

Dans les pages qui suivent, je vais t'accompagner, t'indiquer des portes qui te surprendront par leur extrême banalité. Je t'en donnerai les clés pour que tu te sentes enfin chez toi, dans ta vie à toi. Pour que tu saches comment et par où respirer naturellement quand tu as l'impression d'étouffer. Elles sont les portes du chemin vers la lumière…

Première partie

LES CHOSES SIMPLES DE LA VIE

Chapitre 1

Pourquoi tu ne t'habites pas

La vie t'a placé(e) sur des rails dont il te paraît impossible aujourd'hui de t'écarter. Tu traverses les jours, les mois, les années et tu restes enchaîné(e) à ce même circuit, un métro-boulot-dodo décliné en une infinité de tâches qui se succèdent. Tu ne t'épanouis pas, tu ne te déploies pas, tu ploies sous un fardeau que tu ne sais pas nommer. Tu traverses l'existence, tu accomplis tout ce que l'on attend de toi, mais tu ne t'accomplis pas.

Cette existence-là te semble une chose tiède, mécanisée, soumise aux seules contingences matérielles : travailler, consommer, faire semblant de rire et de s'amuser et puis recommencer. Les jours s'accumulent, tu avances certes comme un bon petit soldat bien dressé, mais tu as perdu l'énergie, l'allant qui donnent vraiment envie de se réveiller le matin et de dévorer la vie. Il te manque l'ampleur et le désir, tu ne te sens plus en connexion avec ce que tu veux, avec ce que tu es, avec ce dont tu as envie. Au fond, tu as cessé d'être dans la possibilité de l'émerveillement. Et c'est une tragédie.

J'ai eu une longue discussion avec un cadre à qui, de l'extérieur, tout semblait sourire. Il suivait depuis plusieurs semaines déjà mes cours de méditation mais, séance après séance, je ressentais, à sa façon de se mouvoir, de réagir, d'intervenir, de se tenir, qu'il manquait une pièce essentielle dans le puzzle de sa vie. Cet homme n'a lâché prise qu'au bout d'une bonne heure de conversation. Et ce fut une avalanche : de larmes, de désespoir, de désirs éteints à force d'être étouffés.

Depuis son enfance, il s'était attaché à être ce que les autres attendaient de lui : ses parents, ses enseignants, ses amis, plus tard ses collègues, sa compagne, ses enfants. Et il se sentait coupable de ne pas y parvenir. Il avait un problème essentiel : il avait toujours vécu partagé entre l'image qu'il croyait devoir renvoyer et ce qu'il était vraiment. Il aimait les arts mais avait mené une carrière commerciale, il aspirait à une forme de plénitude mais s'était engagé dans une course contre le temps qui ne lui laissait aucun répit. Il s'était laissé happer par les autres et s'était détourné de ce en quoi il croyait et pour quoi il aurait voulu œuvrer : la profondeur, l'authenticité, l'honnêteté, non pas au sens matériel ni même moral, mais en tant qu'harmonisation de soi avec son image.

Il avait plein d'idées pour se ressaisir, pour aller mieux. Des avalanches de « il faut » – « que je me déconnecte pendant deux semaines dans un lieu de retraite », « que je prenne enfin de vraies vacances », « que je pose désormais des limites », « que je pense aussi à moi »… Avec les charges cumulées de son travail, de sa famille, de ses enfants, ces projets étaient irréalisables et il en était arrivé à ne vivre qu'au conditionnel : « Si j'avais mieux étudié, j'aurais pu… », « Si j'avais rencontré la personne idéale, j'aurais été… », « Si j'avais pu me reposer ou me ressourcer, j'aurais retrouvé mon énergie », « Si je pouvais changer de service, je serais heureux au boulot »…

Entre-temps, les réponses qu'il trouvait à sa souffrance ne servaient qu'à le culpabiliser davantage : « Je devrais être moins timide » (ou, selon les jours, moins colérique, ou moins effacé, ou moins exigeant), « Il faudrait que je prenne sur moi au lieu de laisser jaillir mes émotions »… Il en était arrivé à se persuader que si sa vie ne tournait pas rond, il ne pouvait en accuser personne d'autre que lui-même. Il se voyait comme l'unique responsable de cet échec et il traînait cette « faute » comme un boulet.

En réalité, il avait un seul problème : il s'était coupé de la vie en lui, c'est-à-dire de la dimension spirituelle de l'existence humaine. Quand tu intègres cette dimension, ni ta timidité, ni tes colères, ni le métro que tu dois prendre chaque matin, et encore moins les exigences de tes ados ou de tes collègues ne sont de vrais problèmes. Ils ne sont plus que de petites emmerdes, des aléas de la vie qui pèsent peu à côté de ce que tu vis.

Tu ne te reconnecteras pas avec cette dimension en te maltraitant, ni en t'infligeant encore plus de punitions. Au contraire, cette attitude ne fera qu'amplifier le hiatus entre ce que tu es et l'image que tu veux donner de toi. Comprends que tu n'es pas coupable de ce qu'est devenue ton existence ; tu n'as simplement pas encore trouvé la clé de la porte qui t'ouvre sur des ressources que tu possèdes naturellement, que nous possédons tous en nous. Avec le temps, tu t'es coupé(e) d'une partie de ta vie, la partie la plus essentielle : l'énergie qui est en toi.

Sans cette énergie, tu es effectivement très faible. Tu ne peux pas résister, tu ne sais pas te défendre. La moindre brise te jette à terre et, quand tu te relèves, c'est pour te cogner la tête contre les murs et t'affaiblir encore plus, malgré toutes les carapaces protectrices dont tu essayes de te doter. Ou, pour être plus précis, à cause d'elles.

La spiritualité dont je vais te parler est cette énergie. Elle est ta force, elle est l'allant de l'existence. Elle ne consiste pas à fuir la vie mais, au contraire, à redevenir entier, à être soi, en rapport à son désir, à sa puissance, à sa capacité d'agir. Elle implique d'être dans la vie. Cette spiritualité n'est pas un discours théorique ; elle est une expérience. Elle ne se réfléchit pas ; elle se vit. Elle ne s'enseigne pas ; elle se pratique tous les jours, à tous les moments de l'existence, surtout les plus banals d'entre eux.

Je ne vais pas te donner un enseignement, mais une clé. Puis je vais t'indiquer la porte qui te fait entrer dans ta vie. Des portes, il en existe partout et tout le temps. Toutes sont prêtes à s'ouvrir pour toi. Cependant, l'une d'elles, nous le verrons ensemble, restera ta voie d'accès privilégiée à l'expérience spirituelle. La reconnaître sera, pour toi, un jeu d'enfant. En fait, tu la connais déjà mais, dès qu'elle se présente à toi, tu la balayes parce que tu la sous-estimes. Elle est si humble que tu ne la crois pas digne d'intérêt. Tu reconnaîtras d'autres portes aussi que tu pourras faire tiennes, selon les circonstances et les situations qui se présentent à toi au quotidien. Tu le constateras de toi-même : elles sont les seules portes du vrai bonheur…

Chapitre 2
La banalité d'une porte

Pose tes jumelles. Tu les as rivées à tes yeux pour chercher à des kilomètres à la ronde ce qui pourrait t'apporter le bonheur, ou ne serait-ce qu'un peu de soulagement. Tu aspires à un miracle, à la magie et tu as bien raison. Mais tu cherches trop loin. Pose-les et regarde autour de toi : c'est uniquement dans la banalité de l'ordinaire que peut surgir l'extraordinaire.

Au milieu du XVIIe siècle, on vit des personnages prestigieux affluer au monastère carme de la rue de Vaugirard, à Paris : de grands théologiens comme Fénelon, ou encore l'abbé Joseph de Beaufort, vicaire général du cardinal de Noailles, qui était un assidu. Étrangement, c'est dans les offices, près des cuisines, qu'ils se rendaient, plutôt que dans les parties nobles du bâtiment qu'ils avaient pourtant eu l'habitude de fréquenter. Car c'est là que Laurent de la Résurrection passait l'essentiel de son temps.

Laurent était un personnage hors du commun. Né en 1614 dans le petit village d'Hériménil, en

Lorraine, celui qui s'appelait encore Nicolas Herman avait seize ans quand il s'était engagé comme soldat. Il avait participé à la guerre de Trente Ans, échappé deux fois à la mort puis, grièvement blessé, avait quitté l'armée. Il se cherchait mais ne trouvait nulle part ni le bonheur ni même un début d'apaisement. Il n'était pas en paix avec lui-même. Marqué par une expérience mystique vécue dans sa prime adolescence, il décida de devenir ermite. Mais ce n'était pas sa voie. Tout seul dans l'attente d'une révélation, il s'ennuyait. Homme d'action, il abandonna son ermitage au bout de deux ans et trouva une place de laquais chez un conseiller du roi, à Paris. Heureux ? Toujours pas. Il ne savait pas à quoi attribuer son malaise, cet état de manque, de non-achèvement : à son absence d'instruction ? Au fait qu'il n'avait pas de famille, pas d'enfants, peu d'amis ? La vérité est qu'il restait taraudé par une soif « d'autre chose », par une aspiration que cet homme sans culture, sans éducation, ne savait pas nommer.

Faute de mieux, il finit par rejoindre son oncle, carme au monastère de la rue de Vaugirard. L'aspect de Nicolas était grossier, son intelligence simple. Les moines l'acceptèrent parmi eux, mais à moitié : ils lui proposèrent de prêter des vœux de frère convers. Membre de l'ordre certes, mais vivant à l'écart des autres qui, eux, avaient le privilège de consacrer leur vie à la prière. Les convers prenaient en charge les affaires séculières : les courses, les menus travaux… Devenu Laurent de la Résurrection, il fut affecté à la cuisine.

Frère Laurent n'était ni un grand esprit, ni un érudit. Il était bien plus que cela : un sage. Ce sont d'abord les moines qui le consultèrent pour s'abreuver à cette joie profonde qui émanait de lui, à cette vérité qu'il semblait toucher, c'est-à-dire à sa spiritualité qui avait effacé l'accablement qu'il traînait comme un poids depuis sa prime adolescence. Puis arrivèrent des visiteurs de l'extérieur. Qu'ils fassent partie des plus modestes ou qu'ils soient de grands esprits de son époque, Laurent était, avec eux, toujours identique à lui-même. L'abbé de Beaufort, qui deviendra son biographe, louait ses propos « simples mais toujours justes et remplis de sens », sa « sagesse singulière », sa « liberté au-dessus de la portée ordinaire d'un frère convers ». Sa réputation a traversé les siècles. S'il est méconnu en France, les carnets auxquels il se confiait continuent d'être lus et réédités dans les pays anglo-saxons, où son rayonnement spirituel touche aussi bien les croyants que les non-croyants.

Cet homme était en effet lumineux. Il n'y avait plus chez lui trace de l'ennui, de la grisaille dans lesquels il avait vécu la première période de sa vie. Au milieu des fourneaux où les moines l'avaient cantonné, un lieu où il était évident pour tous que la spiritualité ne pouvait pas éclore, il avait vu une porte et s'était enthousiasmé à explorer les espaces qu'elle lui ouvrait. Il en avait trouvé la clé : « Il n'est pas nécessaire d'avoir de grandes choses à faire. » « Faire » était son leitmotiv : ce n'est pas en revenant à soi au cours des oraisons, ni en s'isolant dans une vie parallèle à l'abri d'un monastère profond, mais c'est en agissant sur le monde, dans le monde, en « faisant » des choses ordinaires, qu'il était enfin entré dans la vie spirituelle. « Ne nous quittons pas nous-mêmes pour nous occuper de Lui », insistait-il. Ce message, pour le moins extraordinaire, fascinait ses visiteurs. Il leur ouvrait des portes qu'ils avaient passé des années à chercher là où elles ne se trouvaient pas. Car chacun d'entre nous a un moyen de sortir de la monotonie, du gris qui étouffent l'existence. Laurent, lui, avait découvert le bonheur de « faire », non pas machinalement ni automatiquement, mais avec cœur, dans un mouvement qui relève de la plus haute spiritualité.

L'un de ses textes les plus forts est aussi l'un des plus humbles qu'il m'ait été donné de lire : « Je retourne ma petite omelette pour l'amour de Dieu. Quand elle est achevée, si je n'ai rien à faire, je me prosterne par terre. Après quoi, je me relève plus content qu'un roi. » C'est ce qui fascinait ses visiteurs : quel était donc le pouvoir de cet homme capable de transformer une action aussi commune que cuire des œufs, souvent ennuyeuse il faut l'avouer, en une expérience d'unité, d'amour, d'ouverture, en une initiation spirituelle dont seuls, pensaient-ils, les grands mystiques étaient capables ? Sa méthode tenait en une phrase : « Il n'y faut point de finesse, il n'y a qu'à y aller bonnement et simplement. » En dépouillant la spiritualité des mots et des concepts grandioses qui l'ont emprisonnée et étouffée au fil des siècles. En cessant de la croire réservée aux grands esprits ou aux grands mystiques, fruit d'une vie dévolue aux choses de l'esprit.

Car l'expérience spirituelle ne consiste ni à atteindre l'extinction de l'ego ni à voir des anges chanter autour de soi ou que sais-je encore. Elle est en réalité aussi banale qu'une omelette : elle est une porte qui s'ouvre. Frère Laurent la nommait « Dieu » parce qu'il ne connaissait pas d'autres mots pour la dire. On peut certes l'appeler Dieu, mais tu peux aussi la nommer paix, amour, unité, voire nirvana comme dans les traditions orientales qui ignorent le concept de Dieu, et tu peux même ne lui donner aucun nom. C'est une expérience universelle à la portée de chacun, une expérience qui fait du bien, mais elle est tellement simple que l'on n'ose pas la qualifier de spirituelle tant ce mot nous intimide.

Fouille ta mémoire. Souviens-toi de cet instant, qui a peut-être été fugace, où tu as rencontré quelque chose en toi que tu n'as pas su nommer, qui était profondément vrai, absolument incroyable. Une chose bonne, belle, qui t'a bouleversé(e) et t'a fait toucher la terre ferme. Tu étais peut-être en train de travailler, de « cuire ton omelette », ou alors tu marchais en ville et tu avais vu la première fleur du printemps perçant au bord du trottoir, ou bien tu somnolais sous un arbre par un après-midi d'été. Tu as senti les portes de l'infini qui s'ouvraient devant toi, mais tu n'y as pas cru tant le contexte était banal. Tu as touché la félicité mais, parce que tu n'as pas pensé avoir la capacité de la voir, tu ne t'y es pas attardé(e). Cela te semblait illogique et tu t'es dit que si ce que tu venais de vivre était vrai, tu aurais pu en parler, le raconter. Tu n'y es pas parvenu(e) parce que tu ne trouvais pas de mots. Et puis, tu sais bien que notre monde réclame des preuves, même si, comme le disait le peintre Georges Braque, « les preuves fatiguent la vérité ». Tu n'avais aucune trace, aucune preuve. Alors, au lieu de te prosterner devant ce présent vivant, tu es passé(e) à autre chose. Tu es sorti(e) de cet espace et tu es retourné(e) à ce que tout le monde appelle le réel, le travail, le concret. Tu es redevenu(e) un bon petit soldat.

En fait, cette porte était si banale que, même en l'ayant vue, tu n'as pas osé la reconnaître et en franchir le pas. Par la suite, à force de ne plus faire confiance à l'évidence de ton expérience, tu as cessé de prendre garde aux autres portes qui sont ici et maintenant autour de toi, ouvertes sur le brouhaha de ton existence.

Rassure-toi : il est normal que tu ne les voies pas d'emblée. La particularité des portes ouvrant sur une expérience spirituelle est, en effet, de se camoufler sous des atours ordinaires. Harry Potter ne s'enfonce pas dans une mystérieuse forêt pour être téléporté à l'école des sorciers : le Poudlard Express, le train enchanté qui le conduit à l'école, l'attend sur un quai de King's Cross, la gare londonienne la plus fréquentée, où se bousculent en permanence et dans tous les sens des milliers de voyageurs. Mais le quai 9¾ du Poudlard Express est uniquement accessible aux sorciers. Pour le rejoindre, le jeune garçon doit traverser un mur en courant, sans avoir peur de se fracasser, sans penser qu'il n'a pas le droit de traverser un mur. Il réussit en se mettant en rapport à son désir le plus profond, sans se dire que l'action qu'il va réaliser est absurde, impossible, idiote. Il court en ayant confiance et, effectivement, il traverse le mur comme tu peux franchir la porte.

Car toi aussi, tu es une sorcière, un sorcier. Ce même désir, cette même aspiration à la lumière, à la vie, sont là, tapis en toi. Reconnais-les. Ils ne demandent qu'à traverser un mur pour t'emmener de l'autre côté de la réalité, c'est-à-dire dans ta propre vie telle qu'elle est, pour t'en révéler la beauté, la densité.

La spiritualité ne t'imposera jamais de sacrifier ta vie pour en endosser une autre, sinon elle ne serait plus de la spiritualité. Elle ne te demandera pas de copier ni d'imiter. Dans son extrême simplicité, elle te laissera t'épanouir dans ta vie à toi, celle que tu as envie de vivre mais qu'elle aura transformée.

FAIRE

Dans une journée, tu « fais » beaucoup : tu marches, tu travailles, tu cuisines, tu manges, tu nettoies, tu ranges… mais tu n'y prends aucun plaisir parce que tu es obsédé(e) par le seul but de ton action : finir le plus vite possible et du mieux possible, pour enchaîner avec les autres tâches qui t'attendent – et auxquelles tu penses déjà.

Cette fois, tu vas procéder différemment. Choisis une tâche : finir ta vaisselle, répondre aux mails, cuire une omelette, tailler ton rosier… Tu vas la réaliser pour le seul bonheur de « faire » et donc entrer pleinement dans cette expérience. La clé consiste à ne pas t'aliéner dans ta tâche (en maugréant, en t'énervant, en minutant le temps qu'elle te prend) mais à l'accompagner. Imprègne-toi d'elle, désencombre ton esprit et laisse-la te guider. Elle va devenir pour toi le lieu où tu peux souffler à nouveau, te sentir mieux puis, progressivement, de plus en plus vivant. Tu ne réussiras pas forcément dès la première fois, mais ose une deuxième, une troisième fois. La vaisselle sera pour toi le lieu d'une expérience de très haute spiritualité, comme l'avait été l'omelette pour Laurent de la Résurrection. ■

Chapitre 3
Enjambe le seuil !

Entrer dans le « faire » ne réclame qu'un minuscule effort – je préfère parler d'un petit consentement. Enjamber le seuil de la porte n'est pas plus ardu. C'est un basculement qui intervient en une ou deux secondes durant lesquelles ta seule mission consiste à accepter de mettre ta raison en sourdine, de passer outre aux plaintes et aux ressassements infinis qui t'alourdissent et interdisent à ton énergie de se déployer. Ton consentement est la clé pour te saisir de l'un de ces moments imprégnés de spiritualité qui, tu vas le constater par toi-même, sont en réalité tout le temps là…

« Et tout d'un coup, le souvenir m'est apparu… » Par cette phrase très commune s'ouvre le récit de la plus belle expérience spirituelle jamais décrite, celle que vit Marcel Proust quand il approche de ses lèvres la madeleine que lui tend sa mère pour accompagner une tasse de thé. Ce jour-là, il n'est pourtant pas d'humeur à apprécier quoi que ce soit : il a froid, la journée a été morne, le lendemain le sera encore plus. C'est dans ce contexte, pour le moins morose, qu'une porte se révèle à lui. C'est aussi dans un tel contexte que les portes se révèlent à toi. N'en détourne pas les yeux sous le prétexte qu'il fait trop froid ou trop chaud, que tu es de mauvaise humeur ou fatigué(e) par ta journée, voire « débordé(e) » – n'est-ce pas l'un des mots que nous utilisons le plus fréquemment ?

Proust, lui, est subitement bouleversé par ce que lui évoque le goût de cette madeleine. Comme nous le faisons bien souvent, il pourrait passer outre, engloutir le gâteau puis tourner le dos, s'enfermer dans sa chambre et continuer à ruminer des idées noires. Mais cet hypersensible est interpellé par un indice : d'un coup, sous le seul effet de la texture, du parfum qui réveillent son palais, ses ennuis, ses emmerdes sont passés au second plan. Ils rongeaient ses pensées, son existence, et là, il n'y pense plus. Ce n'est pas un phénomène exceptionnel : nous connaissons tous ces instants fugaces durant lesquels le merveilleux nous apparaît comme un rayon de soleil. Il n'est pas compliqué à reconnaître : brusquement, tu sens que tes emmerdes te laissent tranquille, comme si elles pesaient peu de choses à côté de ce que tu es en train de vivre. Tu es, à cet instant, sur le seuil de la porte. Il ne te reste que l'ultime petit pas à franchir. Il ne demande pas d'efforts, simplement un peu d'attention pour être repéré, pour ne pas le laisser s'en aller. Au lieu de quoi, pris par notre planning, par notre interminable *to-do list*, par les « il faut », par une rationalité mal placée, nous jugeons ridicule de le laisser s'inviter dans notre vie et nous le repoussons.

Proust, lui, est intrigué. « Un plaisir délicieux m'avait envahi, isolé, sans la notion de sa cause. » Rien, en effet, n'explique ce qui est en train de se passer. Le déclencheur de cette situation est tellement insignifiant, le contexte tellement peu propice à une extase mystique, que tu peux être trompé(e) et poursuivre ton chemin. Car nous restons tous dans l'illusion que l'expérience spirituelle se fabrique, qu'elle a besoin d'encens, de bougies, de magnificence ou que sais-je encore. C'est faux : cette expérience ne se fabrique pas, ne se demande pas, ne se veut pas, elle ne se mérite pas, elle n'est pas préméditée. Elle advient d'elle-même, elle est gratuite. Elle surgit à l'improviste, imprévisible, comme une forme de merveille, de don, de surprise qui entre dans ta vie, l'enchante et la colore. Certes, tu peux essayer de convier cette expérience, d'en créer les circonstances. Tu peux choisir d'inviter des amis et de préparer un dîner agréable plutôt que de te morfondre seul(e) sur ton canapé, devant ton ordinateur ou ta télé. Mais sache que tu ne pourras jamais décider qu'aujourd'hui, avec ces amis, autour de ce dîner, tu vivras un moment exceptionnellement profond de paix, d'amitié ou d'amour. Parfois, il ne se passera rien. Il faut l'accepter : tel est l'enchantement de la vie où la magie ne se crée pas, elle s'accueille.

En revanche, tu peux prêter attention aux prémices de cette expérience, comme Proust avec le goût de la madeleine, pour l'autoriser ensuite à se déployer. Son déclencheur est souvent un stimulus très premier, très profond, très sensible, corporel. Un goût, une odeur, un son, une sensation qui te bousculent, te déplacent, te travaillent, te mettent dans un état autre, dans une fulgurance qui veut se prolonger et qu'un pur esprit ne pourra jamais connaître.

Ici, il y a un écueil que nous ne savons pas toujours éviter. Proust, que cette expérience érige, à mes yeux, en l'un des vrais maîtres spirituels de notre temps, y prend garde : il ne réfléchit pas, n'intellectualise pas, ne cherche pas à comprendre ce qu'il lui arrive. Il se laisse entraîner sur le seuil de cette porte. Il enjambe le seuil et le miracle advient. Est-il alors toujours le même ? Il prend conscience d'une essence précieuse en lui : « J'avais cessé de me sentir médiocre, contingent, mortel », s'étonne-t-il. Dans l'espace qui se déploie, il est libéré des contingences, il n'a plus à se préoccuper de ce qu'il va accomplir, de ce qu'il va réussir, de ce qu'il va prouver. Soudainement, l'odeur, la saveur du gâteau le propulsent hors du temps. En un éclair, le passé et le présent se télescopent pour créer une alchimie de présence, pour le sortir du temps ordinaire et englober tous les temps. Il oublie sa mère, il oublie le gâteau qu'il tient entre ses doigts et se laisse emporter par le souvenir de ses dimanches matin à Combray, le village qu'il a imaginé en s'inspirant du village de son enfance, où sa tante Léonie lui offrait une madeleine trempée dans une infusion. Il a enjambé le seuil, exactement comme Laurent de la Résurrection dans sa cuisine, devant son omelette.

Ce n'est pas la première madeleine que Proust déguste depuis Combray : des madeleines, sa mère lui en prépare régulièrement. Celle-ci n'était pas forcément meilleure que les autres. Mais les circonstances étaient réunies pour que surgisse la magie : cette fois, il est touché et il consent à un petit effort d'écoute, de déchiffrage de ce que ce goût réveille en lui. Un effort qui n'a rien d'intellectuel parce qu'il n'y a là rien à comprendre, rien à réussir. Il n'est pas réservé aux plus malins ! Il le dit d'ailleurs : « tous les efforts de notre intelligence sont inutiles », c'est « hors de son domaine et hors de sa portée ».

L'expérience spirituelle se situe dans l'espace qui s'ouvre au-delà de la porte. Ce n'est pas un espace mystique, tu ne vas pas être embrasé(e), soulevé(e), transcendé(e). Tu vas être bien plus que cela, et sans même t'en rendre compte : guéri(e), réconcilié(e) avec toi-même. L'attention que Proust porte à cette expérience se décline dans cinq pleines pages de *la Recherche*. Au fil de cette exploration, il lève l'ancre. Il n'a plus besoin de se raccrocher à quoi que ce soit, il peut voguer. Il est tout de même intrigué, il se demande ce qu'est « cet état inconnu, qui n'apportait aucune preuve logique mais l'évidence [...] de sa réalité devant laquelle les autres s'évanouissaient ». Ayant dépassé les angoisses qui le rongent en permanence, il se redécouvre lui-même, entièrement, absolument, avec son histoire, son vécu, ses aspirations, ses envies, son corps, ses sens. « Je sentais un bonheur qui m'envahissait », constate-t-il. Il décrit un tressaillement, le sentiment que le réel devient plus intense. Il touche la chair du monde, la vraie vie.

Je ne connais pas une seule personne qui n'ait pas vécu une expérience spirituelle, qui n'ait pas ressenti dans sa chair le sentiment d'allègement qu'elle procure. En revanche, j'en connais beaucoup qui n'ont jamais osé la retenir, qui n'ont jamais su la nommer ou qui, en tout cas, se sont estimées indignes de nommer ainsi ce moment fort qu'elles ont vécu – et que nous avons tendance à croire réservé aux grands personnages, hier les saints, aujourd'hui les poètes, les écrivains, les artistes qui ont le savoir et le temps pour la mettre en mots. Pourtant, cette expérience t'appartient à toi aussi...

S'ÉMERVEILLER

Je ne connais pas une seule routine qui ne puisse se transformer en un moment d'émerveillement. Tu prends ta douche – ou bien tu te laves les mains. Ce n'est pas une action ordinaire ! Ne te laisses-tu jamais étonner par cette eau qui coule du robinet, à la température qui te sied ? Pour mieux goûter la sensualité de ce moment, oublie ton intelligence et laisse-toi surprendre, comme un enfant : par le savon qui mousse, par la sensation de cette eau sur ton corps ou sur tes mains. N'essaye ni de comprendre ni de rationaliser. Ne pense plus qu'au plaisir que tu éprouves et rentre dans le bonheur tout simple de la chose elle-même. Ressens-tu cette jouissance qui monte en toi ? Laisse-la être. Ce n'est pas ridicule, c'est inouï. Enjambe le seuil : ce n'est pas plus compliqué. ■

Chapitre 4
Suis-je prêt(e) ?

Je n'ai jamais couru de marathon mais j'ai suivi de près la longue préparation d'un ami qui, ayant pris goût sur le tard à la course à pied, s'était lancé le défi de participer à cette épreuve, à Paris. Il lui avait fallu des mois d'entraînement pour réussir, kilomètre après kilomètre, à tenir la distance. Courir s'apprend, je l'ai découvert avec lui. Nous avions fêté ses vingt puis ses trente premiers kilomètres accomplis d'une traite à quelques semaines de distance, nous avions eu mal pour lui quand il se heurtait à l'obstacle des quarante kilomètres. Il lui avait fallu quelques mois supplémentaires d'exercices et d'entraînement pour s'affiner, se muscler et les réussir. Il ne courait pas pour gagner : il n'était qu'un amateur et n'entendait en aucune façon se comparer aux professionnels de la course à pied, des athlètes accomplis qui vouent leur vie à cette discipline.

Je ne sais pas pourquoi je te raconte cette histoire : une expérience spirituelle n'a rien d'un marathon. Elle ne lui ressemble en aucune manière, ni dans la préparation, ni dans le sacrifice de soi, ni dans l'effort, pas même dans le triomphe de la réussite. Il n'existe pas de structures d'enseignement ni de cours spécifiques pour l'étudier, il n'y a pas d'examens à passer, il n'y a pas de bons et de mauvais élèves, d'experts et de non-experts, d'élite et d'amateurs. Paradoxalement, s'engager dans une préparation peut même t'empêcher de vivre cette expérience, parce que tu vas être tenté(e) de foncer bille en tête en croyant savoir d'avance ce que tu vas trouver. Or, le propre de l'expérience spirituelle est de créer une désorientation qui t'ouvre à une réorientation. Ce serait un marathon qui n'a pas de but ni de parcours, que tu pourrais aussi bien achever en deux jours, en deux semaines, en deux mois. Où tu ne pourrais pas prévoir ce qui va t'advenir, quand cela va t'advenir, ni où cela va te mener.

Un marathon est le produit d'un effort construit : tu ne le cours pas inopinément, ni par hasard. À l'inverse, l'expérience spirituelle, elle, advient toujours par surprise, au moment où tu ne t'y attends pas. Elle ne se mérite pas : elle est d'autant plus merveilleuse qu'elle a le pouvoir de toucher absolument tout le monde, de la même manière.

Tu ne peux pas t'y préparer mais, si tu veux tenter l'expérience, tu dois te décider à sauter. Exactement comme lorsque tu es au bord de la mer, d'un lac, d'une piscine, que tu as tâté l'eau avec le bout de ton orteil et que tu l'as trouvée trop fraîche à ton goût. On ne franchit pas une porte en la regardant de loin ! Tant que tu restes debout à essayer de te motiver, à te dire que tu n'es pas prêt(e), que tu n'es pas capable, que tu n'en as pas le temps ou les moyens, tu n'es pas en train de te préparer, tu essayes juste de retarder le moment de sauter. Jusqu'à ce qu'il soit trop tard et que tu finisses par abandonner l'idée de nager. Par ailleurs, un saut n'a rien à voir avec la méthode technocratique de résolution des problèmes, qui consiste à les décomposer en morceaux puis à résoudre une difficulté après l'autre pour en venir à bout. Quand il s'agit de sauter, tu n'as que deux solutions : soit tu laisses ton appréhension prendre le dessus et tu vas te rhabiller sans te mettre à l'eau ; soit tu sautes. Une fois que tu es dans l'eau, avoue que tu la trouves merveilleuse ! Tu n'en sortiras qu'à regret. Tu sauteras de la même manière pour franchir le seuil et entrer dans l'espace de l'expérience spirituelle.

N'aie pas peur ! Sauter ne réclame pas un surcroît d'énergie, il te suffit de consentir à avancer d'un pas. Le mot « sauter » vient du latin *saltare*, danser. Le lien entre le saut et la danse se retrouve dans la plupart des langues. Ce n'est pas un hasard : le saut est un passage, un franchissement qui te fait entrer dans le rythme, dans le mouvement. Il est une forme d'acquiescement. Il est en lui-même un pas de danse qui te déplace avec sa part d'inconnu : tu ne peux pas entièrement le contrôler.

Tu sautes parce que tu as confiance dans le mouvement de la danse, confiance dans le réel qui se donne à toi et te donne le courage de franchir le pas, de sortir de l'habituel pour entrer dans un autre champ.

Tu sautes parce que tu as cultivé une disposition d'esprit qui t'autorise à t'abandonner. Cette disposition a un nom : l'humilité, un mot qui dérive du latin *humus* – comme l'humus, la couche supérieure du sol, biologiquement la plus active, celle qui donne la vie, qui contient la vie et reçoit la vie, qui n'est pas timide et effacée mais, au contraire, brune et bien marquée, qui procure à la terre sa richesse, sa solidité, son épanouissement. Être humble, c'est être l'humus qui laisse la fertilité avoir lieu. C'est être prêt à accepter de recevoir ce qui t'est donné, comme l'humus accepte l'eau et les nutriments que lui offre la nature, sans être embarrassé(e), sans t'interroger sur ce qui te sera demandé en retour, sans craindre d'être lié(e) par ce cadeau et le transformer ainsi en poison. Être humble, c'est avoir la force d'être touché(e), bousculé(e), ouvert(e) à la vie et à ce qui advient.

En janvier 1941, bravant les bombardements allemands, Ludwig Wittgenstein, qui était déjà une figure majeure de la philosophie, avait pris la route pour rejoindre Liverpool. C'est là qu'était basé l'un de ses anciens élèves, Maurice Drury, à qui le liait une profonde amitié. Après des études de philosophie et de théologie, Drury était devenu médecin et c'est à ce titre qu'il avait rejoint l'armée britannique et se préparait à partir pour l'Égypte. Ne sachant pas s'il le reverrait un jour, Wittgenstein avait tenu à lui faire ses adieux. Au moment de le quitter, il lui tendit un gobelet. Un gobelet en or. Se doutant que son élève aurait du mal à accepter ce cadeau qui pouvait impressionner, il lui dit seulement : « L'eau a un goût tellement plus agréable dans de l'or. Il n'y a qu'une condition à ce cadeau : vous ne devez pas vous en faire si vous le perdez[1]. »

Maurice Drury eut l'humilité d'accepter ce cadeau dont il ne serait pas débiteur : il pouvait en faire ce qu'il voulait, même l'égarer. C'était un cadeau gratuit, comme l'est le cadeau de l'expérience spirituelle que nous fait la vie quand elle nous offre un gobelet d'or pour assouvir notre soif. L'histoire ne dit pas ce qu'il advint de ce gobelet...

Sois humble et reçois le cadeau de l'expérience spirituelle que t'offre la vie. Ne te dis pas que tu as peur de boire dans ce gobelet en or, que tu n'es pas à la hauteur, que tu n'es pas préparé(e) ou que sais-je encore : tu commettrais une faute d'orgueil en t'enfermant dans une identité figée,

1. Maurice Drury, *Conversations avec Ludwig Wittgenstein*, PUF, 2002.

en refusant d'accepter le don, de te laisser émouvoir, ébranler, traverser, déplacer par ce don.

Tu ne peux être prêt(e) à recevoir le gobelet et franchir le seuil que si tu admets :

1. que tu ne l'as pas mérité – parce que ce cadeau ne s'obtient pas au mérite.

2. que tu n'as aucun effort à accomplir : il te suffit de croire que tu peux le franchir pour y parvenir.

3. que tu risques de perdre le gobelet – ce n'est pas grave, tu auras d'autres occasions de recevoir des gobelets en or.

Quand tu es sur le seuil, ne te crispe pas, abandonne ta volonté. C'est ainsi que tu seras prêt(e). Saute, entre dans la danse, accepte d'être touché(e) et laisse-toi prendre par le fait d'être touché(e). N'essaye pas de rationaliser, ne cherche pas à te freiner. Sors de ta culpabilité et consens à ne pas prévoir à l'avance ce qu'il va se passer. Tu peux juste te réjouir de vivre cette expérience et lui dire OK.

SAVOIR RECEVOIR

Tes amis, tes collègues sont heureux de te revoir après quelques jours d'absence. Ils te complimentent – sur ta bonne mine, ta coiffure ou tes nouvelles chaussures. Tu pourrais t'en réjouir, mais tu te sens gêné(e), tu ne crois pas à leur sincérité. Sont-ils vraiment heureux de te revoir ? Mérites-tu ces effusions, ces compliments ? Tu ne t'en sens pas digne et les recevoir t'enfonce encore plus dans ton malheur.

Tous les jours, la vie t'offre de tels cadeaux. Un sourire, une plaisanterie, un regard de connivence, un mot sympathique. Tu vas te souvenir de l'un de ces épisodes récents – qui date d'aujourd'hui, d'hier. Examinons-le ensemble.

Pour quelles raisons n'as-tu pas accepté ce cadeau ?

Pourquoi as-tu estimé que tu ne le méritais pas, qu'il s'agissait d'un malentendu ?

Note ces raisons sur un papier puis relis-les en essayant de te détacher de la situation. Avec le recul, ces raisons te semblent ridicules.

En réalité, ton rejet automatique de ces cadeaux est le piège que te tend ta volonté

→

...

de tout contrôler. Tu assimiles le fait de recevoir à de la passivité – tu préfères être dans la position de celui ou de celle qui offre, ce qui te donne l'illusion de tout maîtriser.

Savoir recevoir est une clé essentielle. Une modalité d'action puissante. Elle est le secret des arts martiaux : la victoire ne vient pas en se raidissant dans une volonté de contrôle, mais en se laissant aller pour rentrer dans le mouvement de l'énergie et transformer ainsi cette énergie en sa faveur.

Cesse d'être cruel(le) avec toi-même : tu te ronges inutilement. Tu as reçu un cadeau ? Baisse la garde, accepte-le tel qu'il est, accepte de t'en réjouir, il te donnera la force et l'énergie de continuer à t'accomplir... ■

Chapitre 5
Le présent vivant

Il est un autre piège contre lequel je voudrais te mettre en garde. En avril dernier, je m'y suis moi-même encore laissé prendre…

Il y a un moment de l'année que j'attends toujours avec impatience et que je guettais depuis plusieurs jours. Cette fois, c'était bon : le cerisier qui pousse au bas de la tour où j'habite était enfin en fleurs. Je tenais à bien profiter du spectacle et ce fut là mon erreur. Le matin même de la floraison, je me suis planté devant l'arbre. Et j'ai paniqué. Que devais-je faire maintenant pour « bien profiter » de sa vue, donc du moment présent ? Je me suis concentré. L'arbre était très beau, c'est vrai, mais après ? Je l'ai regardé, je l'ai inspecté en veillant à balayer toute pensée qui me parasiterait. Au bout de dix minutes, ce manège m'a ennuyé. J'ai poursuivi mon chemin jusqu'à l'arrêt du bus.

Je suis retourné chez moi en fin d'après-midi. Ma journée avait été compliquée, j'étais pris dans mes réflexions et j'avais oublié le cerisier. Sa présence m'a surpris. Je pense que je l'ai salué, je lui ai en tout cas souri. Et je me suis arrêté, non pas devant lui, mais avec lui. Je ne l'ai pas inspecté, je l'ai admiré. Je me suis laissé aller au vertige que me donnait sa floraison foisonnante, presque délirante. Il était tel un gros personnage habillé pour une fête, il ravivait mon imaginaire, me rappelait un livre d'images que ma grand-mère me lisait quand j'étais petit, évoquait un autre cerisier, dans le jardin d'une amie que je n'avais plus contactée depuis plusieurs mois et qu'il me faudrait appeler pour avoir de ses nouvelles. En fait, il me parlait, cet arbre. Il était vivant, il avait des choses à me dire et réveillait des choses infinies en moi. J'ai dû passer un bon quart d'heure avec lui, laissant mon esprit voguer au rythme de ce qui se présentait. Il avait balayé mes soucis.

Nous avons tous un pouvoir immense : transformer le monde et le rendre vivant. Ce pouvoir, nous le cultivons depuis la plus tendre enfance quand, munis d'un bout de bois et de deux vieux chiffons, nous créons un royaume féérique et l'animons. Nous ne sommes plus alors dans le moment présent, mais nous allons bien plus loin : nous sortons de nous-mêmes, nous nous oublions, nous nous laissons toucher sans laisser tomber le rideau de fer que manient si bien les adultes pour se couper de leur cœur. Notre bout de bois porte en lui la beauté et la magie de la vie. Il vit.

Le rideau de fer s'est incrusté en nous sous l'effet d'une injonction qui était au départ louable mais que nous avons dénaturée à force de vouloir la réfléchir et la rationaliser : vivre le moment présent. Au fond, tant que tu étais enfant, tu savais te foutre la paix (qui est la clé pour se déployer), tu t'autorisais à aimer faire ce que tu faisais, tu ne te forçais pas à être présent(e), tu l'étais naturellement et donc avec bonheur, dépouillé(e) des « je dois » et des « il faut », de ces injonctions à être calme, à mieux agir, à être plus efficace, à mieux se tenir, à être moins angoissé(e), qui nous brûlent de l'intérieur et à petit feu. Jusqu'au jour où, calcinés, nous ne sommes plus que cendres.

J'ai longtemps, moi aussi, été victime de cette injonction. J'étais jeune, j'étais à fleur de peau, je me cherchais, je ne me trouvais pas et de bonnes âmes, qui n'étaient pas mal intentionnées, m'avaient conseillé de lâcher prise, d'oublier le passé et le futur et de me concentrer sur l'ici et le maintenant afin d'entrer sur le chemin. Dès lors, j'ai été en faute : je ne pouvais pas, je ne savais pas lâcher prise. J'étais incapable d'occulter le monde, de le découper en morceaux et d'oublier tous les autres morceaux pour être uniquement dans celui de l'ici et du maintenant. J'étais plein de bonne volonté et j'essayais, mais je ne pouvais pas interdire aux pensées, aux souvenirs, aux émotions, aux idées de se bousculer dans mon esprit. Je ne pouvais pas freiner ma culpabilité d'échouer qui s'ajoutait à mes angoisses, à mes doutes, à mon hypersensibilité. *Carpe diem*, cueille le jour présent, que je voyais comme une interdiction de penser à autre chose qu'à l'instant présent, était devenu l'objet de ma terreur. *Carpe diem* tuait le présent, m'enfermait dans une image restreinte de moi, m'identifiait encore plus à cette image et rendait ma vie terne.

La première fois que j'ai réussi une mayonnaise (grâce aux conseils de ma grand-mère qui m'avait révélé que les ingrédients devaient tous être à température ambiante), j'étais loin d'être dans le lâcher-prise. Je ne pouvais rien lâcher si je voulais réussir à recueillir le jaune d'œuf puis à maîtriser mon filet d'huile tout en gardant un œil sur la moutarde ! J'étais passionné par cette tâche. Je suis pleinement rentré dans l'expérience quand la mayonnaise a commencé à prendre. Je n'étais pas en train de vivre le moment présent, mais je vivais un moment où le présent avait une densité, une richesse nouvelles qui me touchaient, qui m'amenaient à rencontrer une part de moi dont j'ignorais l'existence, une lumière qui brille en chacun indépendamment des circonstances. L'expérience spirituelle consiste à voir de près cette lumière – certains utilisent l'expression grandiose de « moments d'épiphanie » alors qu'il s'agit des moments les plus ordinaires de la vie.

Je n'étais pas dans le moment présent mais dans un présent vivant. Cela semble la même chose, c'est très différent. Je n'étais pas coupé du temps mais j'étais hors du temps ordinaire des horloges. Je sortais du cadre étroit du passé, du présent, du futur pour entrer dans un autre espace où tous les temps, toutes les pensées, toutes les émotions se nourrissent mutuellement. C'est un espace magique où l'omelette, la mayonnaise, le tableau Excel, le château de sable deviennent le monde entier. Tu restes ancré(e) dans le réel, mais ce réel cesse de t'apparaître fatigué, usé, mécanique. Tu t'oublies, tu oublies tes petits tracas, tes petits problèmes. Tu te laisses toucher par la beauté, par la splendeur de la banalité. Tu te découvres vivant(e) parce que tu n'es plus séparé(e) du monde. Tu ne coupes pas le monde en morceaux, tu n'occultes pas tout le reste pour être présent(e) à un seul morceau, tu as le droit de penser, d'être préoccupé(e), d'ouvrir ton imaginaire à plein régime. Tu n'essayes pas de « faire attention », tu n'ôtes rien à ce qui est, à ce que tu es. Tu es aux frontières d'une expérience extraordinaire.

Le présent vivant, que l'on peut goûter dans toutes sortes de situations, se déploie avec majesté dans l'expérience spirituelle. Sur le seuil de la porte, tu en sens les prémices. Tu prends conscience d'une nouvelle dimension dont tu avais l'avant-goût. Celle-ci a une prodigieuse capacité de transformation : elle ouvre ton cœur, elle te soulage, elle t'apaise, elle te guérit. Ce n'est pas forcément spectaculaire, mais tu n'en sors pas indemne ! Ce présent a un pouvoir immense : il t'autorise, et c'est le propre de l'expérience spirituelle, à être profondément toi-même.

La semaine dernière, ma grand-tante, qui a fêté ses quatre-vingt-dix ans, nous avait invités à déjeuner. Un déjeuner très spécial : pour le dessert, elle avait préparé un strudel, elle qui, depuis trois ans, nous jurait qu'elle ne se lancerait plus jamais dans une telle entreprise. Je pense qu'elle avait mobilisé toute son énergie pour le réussir. Ce n'était pas un simple dessert. Ce strudel disait son ancrage. Avant elle, sa mère, sa grand-mère, ma grand-mère qui n'est plus là depuis longtemps, le pétrissaient de la même manière. Il parlait de la vie, de l'amour, du temps qui passe. Nous étions là, tous, autour de ce dessert. Nous le dégustions en silence, chacun perdu dans ses souvenirs, dans ses pensées. Nous n'avions besoin de rien dire : nous étions dans le partage. J'étais apaisé, et en même temps j'avais les larmes aux yeux, et en même temps j'étais joyeux, et en même temps j'avais envie de dire merci. Notre présent était vivant.

AIMER

La voie la plus simple pour entrer dans le présent vivant, trouver un soulagement profond et le bonheur qui l'accompagne, est l'amour. Je ne te parle pas forcément de la passion amoureuse, mais du fait tout simple d'aimer l'ordinaire en ce qu'il est toujours extraordinaire. Au fond, t'autorises-tu à aimer vraiment cet arbre que tu rencontres tous les jours, que tu vois évoluer au fil des saisons et se parer d'atours toujours différents ? T'avoues-tu que tu aimes voir ta mayonnaise prendre et te laisses-tu aller à ton émerveillement, comme le ferait un enfant ?

Aimer te donne un allant, une force qui soulève des montagnes. Tu as un projet à présenter devant tes collègues. Tu te crispes, tu répètes ton laïus de manière mécanique en veillant à n'oublier aucun point, en te préparant mal, parce que tu es crispé(e), aux critiques ou aux interrogations qui surgiront. Tu te conditionnes à rester objectif(ve), dans la plus complète neutralité. Mais plus le moment approche, plus tu ressens des bouffées d'angoisse.

Je te propose de changer de stratégie. Ce projet que tu as monté, qui est pour le moment

→

…

ton bébé, tu l'aimes forcément. Pourquoi refuses-tu de ressentir cet amour ? Laisse-toi porter par cette dimension, ne romps pas le lien du cœur. Évidemment, tu vas bien préparer ta présentation, comme tu l'as fait pour le projet. Mais, quand tu seras devant tes collègues, n'étouffe pas ce lien. Au contraire, laisse sa chaleur se déployer en toi pour donner vie au présent. Oser aimer : la réunion, le monde entier seront moins froids. Tu y auras enfin ta place… ■

Chapitre 6

L'expérience spirituelle à l'épreuve des neurosciences

Même si elle se met difficilement en mots, une expérience spirituelle est une réalité bien concrète. Pour la comprendre, et bien que la spiritualité semble de prime abord appartenir à un univers sans rapport avec la science, un voyage au cœur du cerveau humain s'impose.

Je l'ai entrepris avec Valérie Bonnelle. Cette neuroscientifique a toujours été intriguée par les états limites de conscience et les modifications qu'ils provoquent dans notre fonctionnement cérébral. Aujourd'hui directrice de recherche à la Fondation Beckley, à Oxford, en Grande-Bretagne, elle consacre l'essentiel de ses travaux aux mécanismes neurobiologiques induits par les microdoses de substances psychédéliques, du LSD aux champignons dits magiques. Ces substances ont pour caractéristique d'activer, au niveau du cerveau, des récepteurs de sérotonine 2A, un neurotransmetteur impliqué dans la gestion des humeurs.

Il s'agit, me confirme-t-elle, des mêmes récepteurs qui sont impliqués dans les expériences mystiques, dans l'état de béatitude ou même d'émerveillement profond. L'étude des effets qu'ont sur eux les substances psychédéliques permet, logiquement, d'appréhender le substrat neurologique des expériences spirituelles en utilisant les protocoles de la science. Reconnaissons qu'il est plus aisé d'étudier avec précision l'impact d'une substance sur le cerveau que d'attendre qu'une expérience spirituelle advienne spontanément afin de pouvoir mener cette même étude !

Valérie Bonnelle est dotée d'une rigueur scientifique qui nous amène à définir d'abord ce dont nous allons parler, à savoir l'expérience spirituelle. Trois critères permettent de la cerner : la transcendance de soi (on ne pense plus à ses petits soucis du quotidien), la distorsion du temps (qui s'efface et disparaît) et un sentiment d'ouverture et d'unité (avec l'autre, avec le monde, avec la tâche que l'on accomplit). S'y ajoute une quatrième dimension : un effet positif, transformatif, ressenti sur le long terme.

Toute expérience spirituelle, insiste-t-elle, a un déclencheur, aussi infime soit-il : le goût de la madeleine pour Proust, le silence et la quiétude quand je me suis installé sur le banc au bord du lac, un rayon de soleil au milieu des nuages… Cet événement, souvent sensoriel (en rapport avec les cinq sens), est dit salient (ou saillant), c'est-à-dire qu'il captive intensément notre attention, ne serait-ce que pour quelques secondes. L'émerveillement qui jaillit en nous se « lit » évidemment dans le cerveau où, m'explique notre neuroscientifique, il entraîne une cascade d'effets quasi simultanés qui sont à la fois suscités par cette expérience et qui contribuent à l'entretenir, à la prolonger.

⇒ Premier effet : le réseau de la salience, situé dans l'hémisphère droit, au niveau du cortex préfrontal et du cortex pariétal inférieurs, est activé. Au quotidien, le mode de fonctionnement habituel de notre cerveau, dit « top-down », consiste à poser des modèles de prédiction systématiques sur tout ce que nous voyons, entendons, sentons. De ce fait, nous ne percevons pas le monde extérieur sous sa forme réelle, mais à travers ces modèles, ces étiquetages que nous lui apposons. Au lieu de voir cet arbre, je vais mobiliser mes connaissances, le nommer (un chêne, un cerisier…), le qualifier (beau, grand, rare, commun…), noter qu'aujourd'hui il a commencé à bourgeonner ou à perdre ses feuilles, relever que je le vois tous les matins…

Ce mode « top-down » n'est pas inné, mais acquis : le nourrisson, le petit enfant ne le possèdent pas. Leur cerveau fonctionne selon un mode appelé « bottom-down » qui leur donne l'avantage de percevoir la réalité directement et d'avoir un rapport spontané avec elle, sans passer par les filtres de la raison ou de la cognition. Leur cerveau scanne littéralement le monde extérieur, recevant et percevant tout ce qui s'y passe, de manière brute. Leur attention est guidée par ce qu'ils perçoivent. Il n'est pas encore captif des modèles acquis qui nous dictent plus tard ce que nous allons choisir de percevoir et la manière dont nous allons le percevoir. Sous l'effet d'un événement salient, et pour une raison que la science n'a pas encore tout à fait définie, notre cerveau quitte le mode « adulte » et revient au mode « bottom-down ».

Le fait que ce mode d'attention « bottom-down » se joue dans l'hémisphère droit n'est pas anodin : en effet, toutes les fonctions relevant du langage se situent… dans l'hémisphère gauche. Celui-ci étant alors en retrait, il n'y a, en mode « bottom-down », pas de mise en mots du vécu.

⇒ Le deuxième effet est la désactivation du filtre thalamique. Dans notre cerveau, le thalamus a pour mission de filtrer la masse d'informations que l'on reçoit du monde extérieur. C'est grâce à lui que je peux, par exemple, me concentrer sur ma tâche dans l'open space où mes collègues s'agitent et discutent, éliminer les pensées parasites et porter une attention spécifique à cette tâche. Cette désactivation est indispensable à ce moment-là, mais elle finit par restreindre notre rapport aux autres et au monde. Quand ce filtre s'efface, nous recevons toutes les informations sensorielles, sans les trier. La conscience n'est plus concentrée sur elle-même, l'esprit s'ouvre.

⇒ Le troisième effet est induit sur les ondes cérébrales. Le fonctionnement cérébral habituel correspond aux ondes alpha. Elles jouent un rôle inhibiteur et supportent les modèles de prédiction que nous posons sur l'univers extérieur. L'événement salient déclenche des ondes gamma, à fréquence plus rapide, aptes à intercepter et traiter, en simultané, toutes les informations que l'on reçoit du fait de l'effacement du filtre thalamique. Ces ondes sont repérées dans les électroencéphalogrammes des grands méditants, quand ils sont dans un état de contemplation poussé.

Quand ces trois effets se conjuguent dans notre cerveau, ils entraînent cette étrange impression de dissolution du moi, ce que l'on appelle le « sentiment océanique » : on réalise que l'on fait partie d'un grand tout bien plus vaste, bien plus important que le petit moi. On fait corps avec le monde.

Nous passons tous, plusieurs fois par jour, en mode « bottom-down ». Mais en général, cet état ne dure pas : notre cerveau gauche, intrigué, analyse immédiatement ce qu'il se passe et nous revenons au mode de fonctionnement « top-down » qui nous est habituel. Cependant, dans certaines circonstances, nous allons réussir à rester dans ce mode d'attention directe, laissant venir à nous les informations sans les interpréter. En « émerveillement total », selon l'expression de Valérie Bonnelle.

C'est alors que se produit l'expérience spirituelle qui induit un état d'ouverture de l'esprit. Nous avons également le pouvoir de créer ce phénomène neurologique par un entraînement tout simple qui consiste à apprendre à s'émerveiller des petites choses afin de rendre les événements de tous les jours salients. Les méditations de pleine présence en sont également des déclencheurs. Elles consistent à laisser de côté la concentration, la conscience qui nous guide en permanence et filtre les informations, pour être tout simplement ouvert(e) à tout ce qui est, à tout ce qui nous entoure, dans un état de vigilance détendue.

Pour ce qui est des substances psychédéliques, m'explique notre neuroscientifique, à doses infimes, des microdoses, elles ne suscitent pas d'hallucinations mais augmentent la salience perçue du monde extérieur : elles facilitent le « oh ! », c'est-à-dire la capacité d'apprécier un petit peu plus la beauté de la nature, du monde, de s'émerveiller d'un caillou ou d'un nuage. Ce phénomène n'a pas échappé à la communauté scientifique. Dans les années 1950 et jusqu'au milieu des années 1960, de grands laboratoires s'étaient intéressés aux effets curatifs, en psychiatrie, de la psilocybine, la molécule active des « champignons magiques » (et du LSD). Mais quand ces substances sont devenues le porte-étendard de la culture hippie, elles ont été cataloguées « drogues » et, bien malgré eux, les chercheurs s'en sont détournés, du moins publiquement.

Aujourd'hui, le tabou est en train de se lever. Des études sont menées dans de grands laboratoires universitaires (à Harvard ou Yale aux États-Unis, à Zurich ou Bâle en Suisse), mais aussi au sein des grands groupes pharmaceutiques qui y voient une piste fabuleuse pour le traitement des états dépressifs, ainsi que de nos maladies mentales contemporaines – comme le stress, l'épuisement, le mal-être, les addictions. Les premiers résultats sont impressionnants. Aux États-Unis, l'Oregon a d'ores et déjà légalisé l'usage thérapeutique des microdoses de psychédéliques. Le Canada, lui, l'a introduit dans les centres de soins palliatifs pour aider les personnes en fin de vie à donner des couleurs à ce qu'il leur reste de vie.

Une étude particulièrement significative a été menée sur un groupe de grands méditants en longue retraite. Une microdose de psilocybine a procuré aux participants une expérience spirituelle amplifiée par rapport à celle qu'ils vivent habituellement dans les mêmes conditions. Plus surprenant, les électro-encéphalogrammes réalisés deux jours après la prise ont révélé une intensification des connexions neuronales dans le cerveau gauche, pourtant désactivées pendant la méditation, comme lors des expériences spirituelles spontanées ou sous l'effet de microdoses de psychédéliques. Faut-il comprendre par là que ce cerveau, celui de la « raison », de la cognition, devient plus fonctionnel après de telles expériences ? En tout cas, mieux connecté, ou connecté autrement, il réagit plus aisément aux stimuli.

Cette conséquence neurologique conforte les propos de personnes ayant vécu une expérience spirituelle et qui parlent d'un avant et d'un après, d'une transformation plus ou moins longue, plus ou moins durable, de leur manière d'être au monde. « Il y a une corrélation très nette entre l'intensité de l'expérience vécue, son impact sur le cerveau et les changements de personnalité induits à moyen et long terme », confirme Valérie Bonnelle qui a mené des études sur des volontaires sous microdoses de psychédéliques et estime que le phénomène est très probablement identique lors des expériences spirituelles. « Grâce aux nouvelles connexions neuronales qui se créent, le fonctionnement du cerveau est forcément plus riche : toutes les régions sont en rapport les unes avec les autres, on voit une explosion de connexions, de relations qui correspond à l'expérience subjective d'unité. Ce fonctionnement donne place à une plus grande flexibilité psychologique, à une augmentation de la plasticité cérébrale, ouvrant des portes que l'individu avait toujours crues fermées. Chacun de nous se pense prisonnier d'un mode de fonctionnement. Là, on se rend compte qu'en fait, on est beaucoup plus que ce que l'on croyait être. D'où le sentiment de libération complète qui perdure. Ce sont des expériences qui donnent du sens à l'existence, à condition de savoir les maintenir, les prolonger, les intégrer, les interpréter », poursuit-elle.

En tant que neuroscientifique, Valérie Bonnelle se dit persuadée que la spiritualité a un grand rôle à jouer dans la médecine moderne. Elle en donne pour preuve une partie de ses études portant sur les états dépressifs : elle a pu démontrer que les sujets tirant les meilleurs bénéfices de microdoses de psychédéliques sont ceux qui ont connu une expérience d'ordre mystique sous l'effet de ces doses. Il est tout à fait probable qu'ils vivent alors l'équivalent, en positif, d'un stress post-traumatique ! On connaît les effets négatifs, pouvant durer des années, voire une vie entière, des violences, de la maltraitance ou d'un accident. Pourquoi exclurait-on d'office les effets positifs d'une expérience spirituelle qui pourrait reconfigurer notre manière de vivre, de voir, de ressentir, et transformer ainsi notre existence, pour le meilleur ?

Tu n'as donc pas rêvé cette expérience le jour où tu l'as vécue : ton cerveau, ton système neurologique t'y ont donné accès. Mais, bien que cette expérience soit universelle, et que tu perçoives mieux à présent son importance, tu as l'impression que son accès te reste compliqué.

Suis-moi. Ensemble, nous allons explorer son chemin…

RÉVEILLER L'ENFANT EN TOI

Tu as le pouvoir de mettre ton cerveau en mode « bottom-down », celui du petit enfant, pour être en contact direct avec le monde qui t'entoure… et t'en émerveiller.

Tu n'as pas besoin d'aller loin : installe-toi quelques minutes sur un banc public, sur une terrasse de café, et regarde tout ce qu'il se passe autour de toi, sans émettre le moindre jugement. Ici il y a un arbre, là-bas un monsieur en chapeau avance dans ta direction, une abeille s'est posée sur une fleur jaune, tous les verres sur la table d'à côté sont à moitié remplis…

Ne laisse pas tes modèles de pensée acquis te dicter ce que tu dois percevoir, ni la manière dont tu vas le percevoir, laisse tomber les jugements qui t'encombrent, te restreignent et finissent par te ronger quand ils deviennent ressassement. Laisse-toi simplement t'ouvrir à l'expérience que tu vis et qui est située au-delà de nos catégories habituelles d'être et d'agir. Tu n'y parviendras peut-être pas la première fois ; la deuxième fois que tu te prêteras au jeu, tu sauras entrer dans cette dimension, source d'un profond soulagement.

Très vite, tu n'auras plus besoin du banc public pour connaître cette expérience :

→

...

comme Marcel Proust avec la madeleine, ou Laurent de la Résurrection avec l'omelette, tu sauras instinctivement capter ces moments d'exception que nous rencontrons chaque jour, plusieurs fois par jour. Après tout, nous ne saurons jamais si la madeleine de Proust était bonne, ni si l'omelette de Laurent était réussie ! Elles ont été bien plus que cela : le déclic d'expériences spirituelles intenses. ■

Deuxième partie

LE SOUFFLE DE LA VIE

Chapitre 7

La spiritualité, une histoire de vie

Mais alors, qu'est-ce que la spiritualité ?

Elle est d'abord un désir profond. Ce désir qui est nôtre, qui nous porte et nous pousse à retrouver, pour les uns l'unité, pour les autres la complétude, ou l'harmonie, ou la réconciliation, ou la clarté. Ce sont les cinq portes dont je vais te parler.

Elle est aussi la vocation de réaliser ce désir à chaque moment de notre existence. Tout ce que j'entreprends, dans mon travail, dans mon couple, dans ma famille, avec des inconnus, dans les moindres gestes du quotidien, devient spirituel quand il réalise ce désir profond qui m'embrase. La spiritualité consiste à reconnaître et célébrer l'embrasement qui est au cœur de nos vies.

C'est là que réside le malentendu. Des discours partout répétés nous laissent entendre que l'accès à la spiritualité a pour condition de renoncer au désir, de tuer l'ego. Pourtant, dans la vraie vie, c'est exactement l'inverse qui se produit : tu n'accèdes à l'expérience spirituelle qu'en étant en complet accord avec ton désir, en reconnaissant ce qu'il est et ce qu'il réclame pour qu'il puisse, à son tour, t'exaucer.

La spiritualité se vit dans la vie. Elle est une histoire de vie. Elle se déploie non pas contre, mais avec l'ambivalence qui tisse la réalité, avec les difficultés, l'imperfection, la douleur qui ne sont pas des attaques dirigées contre toi, mais qui participent de l'existence elle-même. Tu ne peux pas les effacer. En revanche, le désir qui te travaille est ta force, ton pouvoir pour les alléger, les surmonter, en triompher.

Gotthold Ephraim Lessing, un bel esprit des Lumières, pourfendeur de l'intolérance sous toutes ses formes, avait eu une phrase magnifique : « Si Dieu tenait dans sa main droite toute la vérité, et dans sa main gauche la seule quête insaisissable de la vérité, et s'il me disait "Choisis !", je saisirais humblement sa main gauche. » De fait, l'expérience spirituelle ne consiste pas à être dans une béatitude éternelle qui signifierait le renoncement du désir, donc l'aliénation. Elle se vit, au contraire, dans la quête, dans le travail, dans le quotidien avec ses aléas. Elle est la liberté. C'est d'ailleurs elle qui nous pousse à agir : pour inventer des solutions, imaginer des possibles, construire des hôpitaux, œuvrer pour la paix. Pour vivre pleinement.

Platon, à mes yeux le plus grand maître spirituel de l'Occident, tenait à peu près ce même discours, insistant sur la tension qui est au cœur de toute existence, une tension qui nous est nécessaire si nous voulons réussir à nous élever. Là où les faux sages prétendent qu'il faudrait renoncer à la passion, à l'intensité amoureuse pour trouver enfin le calme raisonnable et la sérénité, lui ose affirmer que la qualité essentielle d'un philosophe est sa capacité à s'embraser du désir d'approcher la vérité et de combler ainsi ce qui nous manque pour être vraiment ce que nous sommes.

C'est le récit que propose Aristophane dans *Le Banquet*. L'être humain, raconte-t-il, était originellement androgyne, double. Puis ces deux moitiés ont été séparées et, depuis, nous cherchons éperdument notre moitié qui s'est éloignée. Platon déplace la question. En réalité, dit-il, c'est la dimension spirituelle d'accomplissement de notre être que nous recherchons à travers chaque action que nous accomplissons. Faute de le savoir, de le reconnaître, nous restons dans la frustration de l'inaccomplissement, dans l'idée de notre imperfection.

Vivre, c'est donc rechercher et assumer un désir noble et profond de clarté, de beauté, d'amour, de vérité. C'est ainsi, ajoutait Platon, que toute activité, même la plus ordinaire, participe de la dimension spirituelle la plus élevée.

Le jour où tu accepteras ce désir qui t'habite et, avec lui, la singularité de ton être, de ce qui te porte, de ce que tu as envie de faire, de réaliser, ce jour-là tu seras heureux.

Au lieu de t'en vouloir de te sentir incomplet(ète), tu y verras la clé de toute élévation. Tu comprendras que le bonheur n'est pas l'absence de trouble, un état de quiétude total, mais la nostalgie de ce qui nous manque, le désir profond et ample, l'embrasement.

Chapitre 8
Chevaucher les énergies

Tu es vivant(e), le sais-tu ? Il y a en toi une force, une puissance dont on t'a toujours appris à te méfier. Un espace où le présent est extraordinairement vivant et englobe l'infini, où tu es libéré(e) des stéréotypes, des habitudes de pensée, où tu cesses d'adopter les pensées de tout le monde, les sensations de tout le monde. Un espace où tu es enfin toi-même au lieu d'être cette construction superficielle que les autres ont projetée sur toi et à laquelle tu as fini par t'identifier : trop lent(e), pas assez futé(e), pas assez drôle, trop grand(e), trop gros(se), trop petit(e)… L'espace du désir et de la spiritualité.

Accorde-toi tout de suite quelques minutes. Essaye de te souvenir de l'un de ces moments ouverts, féconds, souvent fugaces, rares, qui ont réveillé en toi un quelque chose d'inattendu qui t'a surpris(e), étonné(e), bousculé(e). Ce sont des moments de la vie, empreints de sa banalité – la spiritualité, tu le sais désormais, aime la banalité. Tu les as vécus – nous les avons tous vécus. Mais tu les avais négligés, tu les as peut-être oubliés. C'est « normal » : nous avons été conditionnés pour nous souvenir des événements négatifs, des moments où nous avons été blessés, insultés, et pour passer outre aux précieuses étincelles de lumière, ces instants singuliers qui ont un pouvoir de transformation encore plus puissant que ceux que nous appelons les traumatismes. Heureusement, nous avons aussi le pouvoir de nous déconditionner.

Souviens-toi. Dans ces instants lumineux, tu t'es senti porté(e) par une énergie qui t'a déplacé(e). Elle t'a écarté(e) des rails auxquels tu es accoutumé(e), du quotidien où une tâche succède à l'autre, d'un train-train ennuyeux, fatigant, parfois désespérant. Pour autant, elle ne t'a pas sorti(e) du monde ; au contraire, elle t'a accompagné(e) dans ce monde. Elle t'a fait goûter à la joie qui est le propre de l'expérience spirituelle – ta « madeleine de Proust », ton « omelette de frère Laurent ». Laisse-moi deviner : n'avais-tu pas alors décrété que cette joie, tu ne la méritais pas ?

Depuis les temps les plus anciens, les grandes sagesses de l'humanité ont été interpellées par ces expériences que vivaient aussi bien leurs prêtres et chamanes que les individus les plus simples, dans le cadre de l'accomplissement de leurs tâches les plus humbles. On en trouve trace dans toutes les cultures, aussi bien en Occident que dans les traditions premières d'Afrique ou d'Océanie. C'est, curieusement, un schéma à peu près similaire qui s'est partout dessiné pour essayer d'abord de les comprendre, ensuite de les apprivoiser. Et cela, avant même que les neurosciences s'y intéressent à leur tour !

Une des réflexions les plus abouties se trouve dans les tantras. Ces textes, vieux pour certains de plusieurs millénaires et abordant différents sujets en lien avec la spiritualité, ont émergé en Inde avant d'être intégrés à l'hindouisme puis au bouddhisme. Le mot « tantra » signifie littéralement le métier à tisser et la trame de tissage. S'il a été retenu pour désigner ces textes, c'est parce qu'ils reposent tous sur une même idée : l'univers est telle une pièce de tissu dans laquelle tous les fils s'imbriquent et se tiennent. Notre vie est elle-même comme une pièce de tissu dans laquelle les fils ne se séparent pas : le corps et l'esprit, les choses du quotidien et la spiritualité, l'ordinaire et l'extraordinaire. Autrement dit, la spiritualité n'est pas seulement une affaire de l'esprit ou de l'âme, elle passe par le corps, par les sens, par la matérialité du monde. Se lever, se laver, manger, travailler, cultiver ses fleurs, faire l'amour, sont autant de pratiques sur la voie, des véhicules de transformation profonde pour qui sait les appréhender. Croire que la voie spirituelle implique de se détourner de la vie est une profonde erreur. Au contraire, cette vie-là, avec l'argent, avec la sexualité, avec les emmerdes, peut devenir une occasion d'éveil sincère...

Les tantras font état de cinq désirs profonds ou énergies associées aux cinq éléments, aux cinq sens, aux cinq formes d'être au monde. Ces cinq énergies sont les cinq portes ou les cinq manières d'entrer dans la spiritualité en restant dans sa vie telle qu'elle est. Elles sont le souffle de la vie.

La figure la plus répandue pour les incarner est le mandala, ce dessin circulaire constitué de cinq couleurs et de cinq parties, représentant à la fois l'expérience spirituelle et la manière de s'y immerger. Les mandalas tibétains sont les plus spectaculaires. Ils avaient subjugué Jung quand il s'était aperçu de leur proximité avec ses propres dessins et avec ceux de ses patients, spontanément organisés autour de cinq éléments, de cinq énergies, de cinq portes – qui se situent, selon la tradition tibétaine, à chacun des quatre points cardinaux et au centre du mandala.

Mais le mandala appartient aussi à l'arsenal thérapeutique des *medicine men*, les guérisseurs amérindiens qui soignent les malades en travaillant sur les cinq désirs ou énergies, symbolisées dans des dessins issus d'une écoute extrêmement fine du rythme de la vie, des forces de la vie. Il se reflète dans les rosaces en vitraux des églises médiévales et sous la plume de grands mystiques comme Hildegarde de Bingen qui exprimait ses visions sous cette forme. Comme l'a écrit Jung, les mandalas, c'est-à-dire les cinq énergies ou les cinq portes, dépassent la culture tibétaine pour décrire et symboliser la totalité de la psyché humaine dans son travail d'accomplissement. Ils sont la recherche inconsciente des différents désirs qui permettent de parvenir à ce qu'il appelait l'individuation, c'est-à-dire le fait d'être pleinement soi, pleinement réalisé.

Ces cinq énergies sont présentes en nous. Elles sont autant de ressources, autant de puissances que nous avons juste besoin d'écouter. Mais ce n'est pas toujours facile car nous en avons souvent été coupés : par les accidents de la vie, par les souffrances, par la violence, par le formatage qui est supposé faire de nous de bons petits soldats, ou plus exactement de bons petits robots qui obéissent sans discuter, sans réclamer, sans oser s'écarter du chemin qui leur a été défini et tracé.

Chacune d'entre elles nous parle d'un savoir, d'une sagesse, d'une force qui nous appartient mais qui nous est devenue étrangère. Et chacune nous conduit vers une porte ouvrant sur une demeure qui est la nôtre, sur nous-mêmes, sur la guérison de ce qui est blessé, sur notre vie que l'on peut, grâce à elle, enfin habiter. Donc sur la vérité spirituelle.

Tant que tu n'arroses pas cette énergie, tant que tu ne te laisses pas porter par elle, tant que tu ne vois pas la porte, tant que tu ne vois pas les cinq portes, tu tournes en rond sans même te douter que tu es en train de chercher une porte. Et plus tu tournes, plus tu te blesses, plus tu entres en guerre avec toi-même et avec la part de toi dont tu essayes de te couper pour obéir à ce qui t'a été enseigné.

Étrangement, on retrouve ces cinq énergies à l'identique dans différentes traditions. Elles sont les cinq bonheurs d'être que j'appelle aussi les cinq manières de chevaucher la vie :

⇒ Le bonheur d'entrer en relation, c'est-à-dire de se relier vraiment à l'autre, ne serait-ce que le temps d'échanger un sourire ou un bonjour, et d'être ainsi en communion pour guérir la blessure de la solitude.

⇒ Le bonheur de la clarté qui te sort de l'enfermement de la confusion, du brouillard dans lequel tu peux te sentir emprisonné(e) jusqu'à l'étouffement.

⇒ Le bonheur d'être pleinement confiant, ce qui signifie être à la fois dans l'ouverture, dans l'accueil et dans la détente pour accueillir ce qui est comme c'est, dans la joie.

⇒ Le bonheur de la plénitude qui est au fond très simple parce qu'il relève d'un espace ordinaire que nous avons connu quand nous étions enfants, quand il nous suffisait d'un rien pour nous sentir complets, accomplis, exaucés. En vie.

⇒ Le bonheur d'agir, d'entrer dans le mouvement, de te laisser porter par un souffle qui lui-même te transmet son énergie.

Tu n'apprivoiseras pas ces cinq bonheurs, ces cinq énergies qui sont autant de désirs qui te conduisent aux portes, de la même manière. Certaines peuvent te sembler banales, d'autres inatteignables. C'est normal. D'une part, elles te sont étrangères parce qu'elles ne t'ont jamais été présentées. D'autre part, tu as, nous avons tous, un désir de fond, un désir dominant qui imprègne notre manière d'être au monde et que tu vas particulièrement cultiver. Mais tu as, nous avons tous besoin, à un moment ou un autre, des autres énergies que nous redisposons sans arrêt dans notre vie, en fonction des situations et des circonstances qui se présentent à nous. Aujourd'hui, je travaille. Je vais certes avoir besoin de confiance, d'espace, d'action, de mise en relation, mais c'est surtout l'énergie de la clarté, qui n'est pourtant pas mon énergie dominante, que je vais convoquer. Je prendrai appui sur elle pour ouvrir la porte qui me permettra d'être plus juste, plus en harmonie avec le monde et avec moi-même, pour être en jubilation. Plus tard, je m'attaquerai à la vaisselle qui s'est entassée depuis le petit-déjeuner. J'admets que je vais me diriger vers l'évier en commençant par soupirer. Mais dès que j'entrerai dans l'énergie de l'action, dans la joie de faire, c'est-à-dire dans la dimension spirituelle de l'action, ma vaisselle ne sera plus une corvée. Je te confie un secret ? Elle se fera toute seule…

Je vais t'apprendre à te familiariser avec les portes, à travailler avec les énergies, à les convoquer, à les chevaucher. Elles seront les cinq atouts de ton jeu dont tu disposeras à tout moment. Tu as en toi une puissante énergie de vie, cesse de la bloquer, de fermer les portes, de créer un écran qui étouffe toutes les couleurs de ta vie, arrête d'avoir peur, de t'excuser d'être, de te sentir en faute.

Au cours du chemin que nous allons accomplir ensemble, tu vas doucement te libérer de tes peurs, de tes appréhensions. Tu vas te relier à la vie, au bonheur, le vrai bonheur, celui de ton accomplissement, celui de la spiritualité incarnée.

Chapitre 9

Test – Quelle est ta porte ?

Un test n'est pas une science exacte, j'en suis pleinement conscient. Cependant, en répondant (honnêtement !) aux questions qui suivent, tu vas cerner ton profil énergétique avec ses forces et ses faiblesses. Nous avons chacun une énergie principale (dominante) et une énergie complémentaire qui sont nos deux portes royales d'accès à l'expérience spirituelle. Tu possèdes également les trois autres énergies en toi et tu as la capacité de les convoquer quand tu as besoin d'elles. Elles sont autant de forces qui, travaillées simultanément, te mèneront vers la vraie vie.

1 • Tes amis font-ils appel à toi quand ils se sentent seuls et ont besoin de chaleur humaine ?

- Souvent : □ □ □
- Rarement : □ □
- Jamais : □

2 • As-tu besoin d'être en mouvement pour te sentir exister ?
- Beaucoup : ○ ○ ○
- Un peu : ○ ○
- Pas du tout : ○

3 • Mettre les pieds dans le plat te réjouit-il ?
- Beaucoup : ☆☆☆
- Très peu : ☆☆
- Ce n'est pas moi : ☆

4 • Quel est ton degré de tolérance au bavardage, aux opinions, aux digressions ?
- J'adore : ❖
- Ça m'indispose : ❖❖
- Je ne supporte pas : ❖❖❖

5 • Est-il facile, voire amusant pour toi de parler à des inconnus ?
- Très : □ □ □
- Un peu : □ □
- Pas du tout : □

6 • Dans un groupe, arrive-t-il que tu passes pour inapparent, comme invisible, et qu'on ne te remarque pas ?
- Souvent : ☆☆☆
- Rarement : ☆☆
- Jamais : ☆

7 • Dans ta manière de t'habiller ou de meubler ton intérieur, y a-t-il un côté ostentatoire et recher-

ché ? Beaucoup de couleurs, d'objets, d'accessoires ?

- Beaucoup : ►►►
- Un peu : ►►
- Pas du tout : ►

8 • Tes amis font-ils appel à toi quand ils ont perdu confiance, quand ils ont besoin de réconfort ?

- Souvent : ►►►
- Rarement : ►►
- Jamais : ►

9 • As-tu le sentiment d'être perdu(e) dans ta vie ?

- Souvent : ❖
- Rarement : ❖❖
- Jamais : ❖❖❖

10 • T'émerveilles-tu facilement devant les choses les plus simples de la vie, y compris une araignée sur le rebord de la fenêtre ?

- Souvent : ☆☆☆
- Rarement : ☆☆
- Jamais : ☆

11 • T'énerves-tu face à une injustice, face à la bêtise ou la grossièreté ?

- Souvent : ❖❖❖
- Rarement : ❖❖
- Jamais : ❖

12 • Es-tu dans la séduction dans tes rapports avec les autres, y compris dans le domaine professionnel ?

- Beaucoup : □ □ □
- Un peu : □ □
- Pas du tout : □

13 • As-tu tendance à remettre au lendemain ce que tu aurais pu faire aujourd'hui ?

- Souvent : ○
- Rarement : ○ ○
- Jamais : ○ ○ ○

14 • Te perds-tu dans des détails au point que chaque tâche te prend plus de temps que la moyenne ?

- Souvent : ❖
- Rarement : ❖❖
- Jamais : ❖❖❖

15 • Éprouves-tu le sentiment de manquer, de ne pas avoir assez : de biens, d'affection, de reconnaissance... ?

- Souvent : ►►►
- Rarement : ►►
- Jamais : ►

16 • Tes amis retiennent-ils de toi ta douceur, ta gentillesse ?

- Beaucoup : ☆☆☆
- Très peu : ☆☆
- Ce n'est pas moi : ☆

17 • Considères-tu que tu as des qualités d'écoute te permettant de ressentir ce que l'autre dit vraiment ?

- Souvent : □ □ □
- Rarement : □ □
- Jamais : □

18 • L'efficacité est-elle pour toi une qualité majeure ?

- Beaucoup : ○ ○ ○
- Un peu : ○ ○
- Pas du tout : ○

19 • Te compares-tu aux autres ?

- Souvent : ○ ○ ○
- Rarement : ○ ○
- Jamais : ○

20 • Accumules-tu des objets (vêtements, livres, ustensiles de cuisine, tableaux...) parfois inconsidérément au point de te sentir étouffer ?

- Beaucoup : ►►►
- Un peu : ►►
- Pas du tout : ►

21 • T'arrive-t-il d'être profondément persuadé(e) que tu as raison même quand les autres te disent que tu as tort ?

- Souvent : ❖❖❖
- Rarement : ❖❖
- Jamais : ❖

22 • Le fait d'être aimable est-il une priorité pour toi dans ta relation aux autres ?

- Beaucoup : □ □ □
- Un peu : □ □
- Pas du tout : □

23 • Devant une question qui t'est posée, as-tu le souci d'être exhaustif(ve) et complet(ète) ?

- Souvent : ►►►
- Rarement : ►►
- Jamais : ►

24 • As-tu tendance à ne rien voir de tes qualités et à être surpris(e) quand on les remarque ?

- Souvent : ☆☆☆
- Rarement : ☆☆
- Jamais : ☆

25 • Quand tu es angoissé(e), le fait de « faire » (ranger ta maison, couper du bois, jardiner...) t'apaise-t-il ?

- Beaucoup : o o o
- Un peu : o o
- Pas du tout : o

26 • Es-tu indécis(e) ?

- Souvent : □ □ □
- Rarement : □ □
- Jamais : □

27 • Es-tu la personne que tes amis appellent pour demander une aide ou un coup de main ?
- Souvent : ○ ○ ○
- Rarement : ○ ○
- Jamais : ○

28 • As-tu besoin de ressentir intensément des émotions pour te sentir vivant(e) ?
- Beaucoup : ►►►
- Un peu : ►►
- Pas du tout : ►

29 • As-tu besoin de calme et de silence pour décrocher ?
- Absolument : ☆☆☆
- Pas vraiment : ☆☆
- Pas du tout : ☆

30 • Tes amis font-ils appel à toi quand ils sont dans le brouillard et ont besoin de clarifier une situation de leur vie ?
- Souvent : ❖❖❖
- Rarement : ❖❖
- Jamais : ❖

Interprétation

Calcule, dans tes réponses, le nombre de □ , ○ , ► , ☆, ❖, que tu as obtenus. La figure majoritaire dans tes réponses est celle de ta force dominante. La suivante est celle de ta force complémentaire. Chaque figure correspond à l'une des portes que nous décrypterons dans les chapitres qui suivent. Ne néglige aucune d'elles, même celles qui te semblent les plus éloignées de toi ! Elles sont autant de ressources que tu as la capacité de développer et d'utiliser pour entrer dans la vraie vie…

*

Chacune de ces forces correspond à une couleur que nous retrouverons dans les chapitres suivants :

- □ : la force rouge.
- ○ : la force verte.
- ► : la force jaune.
- ☆ : la force blanche.
- ❖ : la force bleue.

Chapitre 10

La porte rouge
Le bonheur d'entrer en relation

Quand tu embrasses pour la première fois ton amoureux ou ton amoureuse, quand ton enfant se précipite dans tes bras, ton cœur fond et tu acceptes qu'il fonde. Tu as l'impression que le ciel est avec toi. Tu jubiles et ta jubilation est spiritualité. Tu vis le bonheur d'être pleinement en relation. Tu vis la merveilleuse énergie de la porte rouge…

Quand le rouge est ta force dominante ou ta force complémentaire, cette porte est un don que tu possèdes naturellement. Un don que tu méconnais peut-être, ou alors qui t'effraye, ou peut-être encore as-tu perdu confiance en lui. Il est pourtant ta voie royale vers la spiritualité vécue, concrète, celle qui habite les tréfonds de ton cœur et qui est prête à se réveiller pour te réconcilier avec toi-même, avec le monde, avec la vie, à te redonner confiance dans cette vie. Il te reste à l'apprivoiser, à apprendre à vivre dans le bonheur d'être en lien juste avec l'autre pour avoir enfin l'impression d'être chez toi et c'est ce que je vais t'aider à accomplir. Ne te détourne pas de ce don, n'aie pas peur de cette intensité qui t'habite.

Et puis, même quand le rouge n'est pas ta force majeure, il te faudra également consentir à l'effort de le cultiver, d'apprendre à devenir de temps en temps « rouge ». Pourquoi voudrais-tu te priver de cette porte qui s'ouvre déjà devant toi ?

Pourquoi cette porte est-elle rouge ?

La couleur et l'élément associés à chaque porte sont des métaphores qui aident à saisir rapidement le sens global de la force concernée. Le bonheur d'entrer en relation est symbolisé par le rouge du feu aux innombrables vertus : il réchauffe, il éclaire, il nous permet de cuire nos aliments pour les rendre plus digestes. C'est aussi le propre de ce bonheur-là. De plus, comme les flammes, l'énergie de la relation est en perpétuel mouvement. Elle n'est jamais statique. Le rouge est aussi la couleur du ciel qui s'embrase au coucher du soleil dans une splendeur chaleureuse qui ouvre le cœur, qui accomplit, qui transporte…

Si le rouge est ta porte dominante

Tu as le cœur chaleureux et tu irradies. Ce qui compte pour toi est d'établir un lien avec l'autre, de sentir ce lien, cette intimité, cette proximité qui t'ouvrent sur la splendeur du monde. C'est là que tu t'accomplis.

D'ailleurs, tu sais créer ce lien. Face à l'autre, tes antennes, ton écoute aiguisée te font tout de suite savoir quelle est la distance juste à établir pour l'approcher, le toucher, entrer en rapport avec lui, même s'il t'est inconnu. Cette distance n'est pourtant pas facile à jauger : trop proche, tu risques de l'écraser ; trop loin, c'est le froid qui peut s'installer. Sans t'en rendre compte, tu travailles en permanence à un ajustement extrêmement fin. Et c'est ce qui te fait palpiter. En retour, tu es la caresse d'un rayon de soleil : dès que tu entres dans une pièce, ton charisme attire vers toi tous ceux qui sont là.

Quand tu crées l'atmosphère qui favorise le lien, quand cette énergie se réveille en toi et que tu accèdes à la porte rouge, celle de la rencontre, toutes les caractéristiques d'union, d'ouverture et de réconciliation propres à l'expérience spirituelle sont réunies pour toi :

– Tu te détaches de la vie mécanique, ordinaire, et tu as l'impression d'entrer dans la vraie réalité.

– Tu n'éprouves plus le sentiment désagréable d'évoluer dans un monde où tu n'as pas ta place, où tu ne comptes pour rien. Quand tu es en lien avec l'autre, un ami, un collègue, un voisin, une simple connaissance, tu es comme une fleur qui s'épanouit.

– Tu es apaisé(e) : tes angoisses, tes peurs, tes inquiétudes, tes ressassements te laissent alors tranquille.

– Le temps de la rencontre, tu es comblé(e).

Accepter l'ambivalence du rouge

Emporté(e) par ton énergie rouge, tu dois cependant prendre garde à un écueil : la réalité telle qu'elle est, avec l'ambivalence qui lui est inhérente, ne répond pas toujours à ton désir.

En effet, quand tu vis le bonheur de la rencontre, quand tu t'accomplis dans le lien, ton vœu le plus cher serait que cette situation dure à jamais, c'est-à-dire que tu puisses vivre en permanence dans l'ouverture qui te libère de toute aliénation. C'est une belle intention mais, dans la vraie vie, nous ne pouvons pas rester en permanence dans cette dimension. Voilà qui te fait souvent de la peine.

Vivre, c'est pourtant assumer que l'on perde le sentiment d'unité pour mieux le retrouver. C'est ressentir l'expérience spirituelle du lien avant d'affronter à nouveau les emmerdes du monde ordinaire, relatif. C'est admettre que tu ne peux pas t'emparer de ce que tu aimes ni le posséder, c'est reconnaître que les fleurs finissent par se faner. Être vivant, c'est avoir toujours à rétablir, à retravailler, à retisser le lien sans céder à la tentation du découragement. Et c'est, au fond, la splendeur de l'expérience spirituelle que nous racontent toutes les traditions et qui participe de l'éveil.

Tu as une seule solution : ne renonce pas à ton désir ! N'entre pas en guerre avec cette réalité : la bataille est perdue d'avance. C'est pourtant une guerre que tu cherches à mener tant que tu n'as pas été à la découverte de toi-même, de cette énergie, de ce désir qui t'habitent pourtant. C'est non seulement douloureux, mais en plus, tu resteras au seuil de cette porte qui est pourtant tienne. Apprécie le bonheur du lien juste quand il est là. Accepte le jeu de la proximité et de la distance, des retrouvailles et de l'attente, il fait partie de la dimension spirituelle. C'est alors que tu pourras faire la paix avec les ennuis du quotidien, avec le chagrin, avec les frustrations, même quand ils t'éloignent de ta porte.

Les blessures de la porte rouge

Quand tu possèdes en toi le don de l'énergie rouge mais que tu le méconnais, tu peux la blesser et ces blessures te feront souffrir parce que tu ne seras pas dans l'accomplissement de ton être.

La première blessure est celle de la possession. Tu peux célébrer cette énergie, l'apprivoiser, la chevaucher, te réchauffer à elle, mais tu ne peux pas la posséder parce que le souffle de la vie ne s'enferme pas dans une boîte de conserve. Ouvre-toi à l'autre mais ne l'étouffe pas de ta flamme, n'essaye pas de te l'approprier, tu le perdras. Cette énergie, tu dois accepter de la vivre à neuf chaque fois.

La deuxième blessure est celle du renoncement. Tu te sens parfois seul(e), incompris(e), blessé(e), abandonné(e). Tu as été déçu(e) et cette déception te ronge. Au fond de toi, le désir du lien existe encore, mais tu n'y crois plus. Pour ne pas avoir de la peine, tu te fermes, tu te crispes. Tu sens que tout est froid autour de toi, que rien n'est aimable, que tu n'es pas aimable – sinon, te demandes-tu, pourquoi serais-tu toujours à l'écart, isolé(e), rejeté(e) ? Cette blessure est douloureuse. Elle l'est encore plus quand tu en as honte, quand tu ne veux même plus reconnaître que tu souffres d'être seul(e). Tu ne vois plus cette porte, tu ne vois plus cette énergie que tu as en toi. Et tu restes à côté de la vie, à côté de ta vie.

La troisième blessure est plus pernicieuse. Tu aimes être en lien, tu as un génie de la relation, tu sais écouter l'autre et te mettre sur la même longueur d'onde qu'elle ou lui. Tu t'adaptes tellement bien à cet autre puis à tous les autres, tu veux tellement être aimé(e) de tous, être au diapason de tous, que tu te perds dans la peau d'un caméléon : tu dis ce que l'autre attend de toi pour être comblé(e), mais tu n'arrives plus à être sincère, tu ne sais plus, au fond, ce que tu veux, ce que tu aimes, tu veux juste que tout le monde t'aime. Les liens que tu tisses alors ne sont pas de vrais liens, ils sont une contrefaçon du lien, ils restent superficiels et t'interdisent de vivre ta quête : l'unité profonde et l'harmonie, c'est-à-dire l'expérience spirituelle de la vraie rencontre.

La quatrième blessure est celle de la superficialité qui exclut l'émerveillement. Aucune énergie ne sait jouer la comédie. Par peur de ne plus être en lien, tu papillonnes, tu séduis, tu touches tout le monde et tu ne restes nulle part, tu n'oses pas ou tu ne veux pas entrer dans la relation, tu as peur de l'engagement, de l'intimité. Tu préfères partir plutôt que d'être déçu(e), mais tu manques ton don, tu passes à côté de lui…

Pour guérir ces blessures, réconcilie-toi avec ce don en revenant à ton désir profond. Bien sûr, entrer en relation comporte des risques : celui de se mettre un peu à nu, d'être touché(e), d'être déçu(e), de ne rien recevoir en retour… Ton collègue peut te répondre sur un ton revêche alors que tu l'as salué aimablement et qu'hier encore, vous aviez bavardé devant la machine à café. Sache qu'il est impossible de se prémunir contre ces risques. Même s'ils sont inconfortables, ils font partie du jeu de la vie. Faut-il pour autant renoncer à apprivoiser cette énergie qui est à l'œuvre tout au long de la journée, qui ne demande qu'à se réveiller chaque fois que l'on s'adresse à une personne ? Franchir cette porte peut certes, parfois, nous brûler comme la flamme. Mais aussitôt franchi le seuil, de l'autre côté de la porte, notre réalité est transformée.

Comment se connecter à la spiritualité de cette porte

Commence par prendre le temps de revenir au désir de liens, de relations qui est en toi. N'en aie pas honte : tu possèdes un don spirituel profond.

Débarrasse-toi ensuite de ta peur de l'ambivalence. Sache que tu ne pourras jamais t'emparer de ce que tu touches, vivre une relation où la chaleur, la force du lien sont éternelles. Tu as envie de ne plus faire qu'un avec l'autre, de ne plus jamais connaître la froideur ni la tiédeur dans une relation, mais la fusion à laquelle tu aspires implique souvent le sacrifice de l'autre qui ne nourrit pas forcément le même désir que toi, ou en tout cas pas avec la même intensité. Convoque ton énergie : tu as en toi un don précieux, celui de pouvoir créer un lien dans lequel on n'est plus deux individualités séparées, mais où l'on n'est pas en fusion non plus. Cela est valable aussi bien dans ta relation avec ton conjoint qu'avec tes enfants, tes amis ou tes collègues.

Ne souffre pas de la relativité : elle fait partie de ton chemin, du chemin de la vie. Je ne connais pas un seul discours spirituel qui ne nous replace pas face à la relativité de l'existence. Aussi bien le Bouddha que Platon ou le Christ nous ont enjoints à l'assumer, à assumer la nostalgie sans renoncer au désir.

Enfin, n'oublie pas que la banalité de la spiritualité est le camouflage qui nous fait passer à côté de l'expérience profonde que nous recherchons. On t'a toujours dit que l'expérience spirituelle est un moment grandiose, inoubliable dans une vie. Alors, forcément, quand tu es enfermé(e) depuis tôt le matin dans l'open space, bouclant un dossier avec un collègue dont tu n'es pas particulièrement proche, et que d'un coup, penchés ensemble sur ce dossier, vous vous sentez sur la même longueur d'onde, en communion, à l'unisson, dans un vrai partage, tu ne vas pas y prendre particulièrement garde. Tu as tort : tu es en train de vivre un moment extraordinaire… à condition d'accepter de le vivre avant de passer à autre chose.

Ce matin-là, dans l'open space, tu as vécu un moment émotionnellement intense. Peut-être quelques minutes seulement, mais elles ont été extraordinaires. Elles ne t'ont pas seulement fait du bien, elles ne t'ont pas seulement fait chaud au cœur. Dans l'espace de rencontre qui s'est miraculeusement créé, vos deux individualités ont été en lien. Ton cerveau a basculé en mode « bottom-down » et tu l'as probablement trop vite rappelé à l'ordre : l'heure n'était pas, selon toi, à cette mini-épiphanie que tu étais en train de vivre. Ce que tu as connu là est pourtant le déploiement de l'amour. Et c'est l'essence même de la spiritualité, la source d'un bonheur profond, vrai.

Ne néglige pas ces précieux instants d'ouverture. Ils peuvent advenir tout le temps, tous les jours, ils sont banals mais ils sont essentiels. Peut-être les fuis-tu sans t'en rendre compte ? Apprends, au contraire, à les provoquer.

L'autre jour, ma boulangère m'a proposé un cake aux abricots. Il était délicieux et, le lendemain, en achetant mon pain, je l'ai complimentée pour le cake. Elle a souri. Son mari, m'a-t-elle dit, avait passé des jours à mettre au point cette nouvelle recette. Elle l'a appelé, il a émergé de derrière ses fourneaux, inquiet et les mains encore enfarinées. Il s'attendait à des récriminations, je l'ai félicité. Ses yeux ont brillé de bonheur, il m'a offert une tranche du cake, m'a parlé de sa passion pour ce type de gâteaux. Nous avons échangé pendant deux ou trois minutes et je suis reparti. Je ne me souviens pas tant de la teneur de notre conversation que de la chaleur qui s'en dégageait, du lien qui s'était tissé entre nous, du moment de partage que nous avons vécu. Nous n'étions plus trois individus isolés. Nous étions ensemble, en lien. Dans la rencontre.

L'expérience spirituelle : la joie de se sentir en relation et de créer des liens

L'indicible se vit dans l'ordinaire. Par exemple sur cette terrasse de café où tu as rendez-vous avec l'une de tes connaissances. Vous discutez. Tu ne penses plus à tes emmerdes, à tes inquiétudes, tes ressassements s'estompent. Un mot, une phrase, un infime détail ont créé un lien, une unité entre vous. Vous êtes sur la même longueur d'onde, la conversation se déroule sans efforts, une détente de plus en plus profonde s'instaure. Tu ne vois plus le temps qui passe, la puissance du lien a remplacé toutes les contingences. La splendeur d'un coucher de soleil entre dans ton cœur, elle te baigne, colore de sa lumière le monde entier.

C'est une expérience que nous avons tous vécue. Le problème est qu'en la négligeant, nous la manquons. Au lieu de rentrer dans cette communion, notre esprit s'interroge : sur sa réalité, sur sa durée… Il nous ramène sur terre et nous perdons l'extase qui était à portée de main.

Laisse-toi entrer dans l'expérience, dans ce lien, même s'il est très simple, même si ce n'est qu'une rencontre banale. Sois attentif à cette ouverture infinie. Contrairement à ce que l'on croit, elle ne dépend pas de l'objet : ce moment de plénitude, où l'on est cœur à cœur, peut être vécu avec un ami lointain, voire avec un inconnu, pour peu que tu écartes le doute et les critiques, que tu arrêtes le bavardage mental – ce sont les conditions de toute expérience spirituelle.

Qui l'incarne ?

Samsagace Gamegie, dit Sam, est le plus brave des Hobbits. Jardinier de son métier, il va accompagner son maître, Frodon, le héros de la saga *Le Seigneur des Anneaux*, qui a pour mission de détruire le redoutable Anneau unique forgé par le Seigneur des Ténèbres. Sam, qui s'est engagé dans l'aventure par amitié, en est le véritable héros. Sa raison d'être est le bonheur d'entrer en relation et d'attiser la chaleur du lien. Il est mû par l'intelligence du cœur qui lui donne du courage pour protéger Frodon et le remettre dans le droit chemin quand il s'égare. Il n'est en aucun cas fasciné par le pouvoir de l'Anneau : seule l'amitié compte pour lui. Il en tire une force qui le mène... jusqu'à cet Anneau. Il est d'ailleurs le seul à être indifférent à ce pouvoir : il n'aspire qu'à une vie tranquille dans son jardin, une vie pétrie d'affection. Tel est son accomplissement spirituel.

Sam est l'homme ordinaire qui a l'ardeur du cœur simple, du cœur bon. Il était le personnage préféré de Tolkien, l'auteur du *Seigneur des Anneaux*. Et c'est lui qui, dans cette saga, accomplit la quête spirituelle la plus profonde.

Comment cultiver ce don si tu ne le possèdes pas

Je ne suis pas naturellement « rouge », loin de là. Quand j'étais plus jeune, cette énergie me terrorisait. J'ai compris plus tard que je ne savais pas l'appréhender. J'étais prisonnier de la logique du tout ou rien. Toute relation, pour qu'elle existe, impliquait à mes yeux d'être intense, profonde, dans la fusion, dans la vérité totale. Sinon elle n'était pas. Je n'avais pas la patience d'attendre que le lien se crée puis mûrisse et d'accepter que parfois il continue d'exister mais ne mûrisse pas. Je ne comprenais pas qu'un lien est comme une danse sacrée, la danse du bonheur d'être ensemble, la danse du feu, sans cesse en mouvement, sans cesse à reprendre. Je l'ai appris.

La relation est un jeu infini de préliminaires. Pour la créer, tu vas commencer par le plus simple qui est le plus essentiel – car il n'y a rien de dérisoire, d'anodin, de vain pour instaurer un lien. Offre un chocolat, un sourire, tends la main et attends la réaction. Je sais que l'effort que tu fourniras te semblera d'autant plus démesuré que la suite ne sera pas écrite d'avance. En effet, peut-être que l'autre ne se saisira pas de ta main ; ce n'est pas grave, tu essayeras de procéder d'une autre manière, sans avoir la garantie de réussir. Prends le temps d'accepter, de comprendre tes peurs. Ne te focalise ni sur toi-même ni sur l'autre, mais uniquement sur votre relation et sur ce qui est important pour elle. Tu as cette énergie en toi, elle te porte même si tu n'en es pas encore conscient(e). Tu as le devoir de la cultiver, de l'aider à grandir, à s'épanouir et à t'épanouir.

Surtout, ne renonce pas ! Savoir créer du lien n'a rien de magique ni de mystérieux. Certains nourrissent cette force et le pouvoir qu'elle recèle de manière spontanée. D'autres, qui la possèdent portant eux aussi, doivent l'arroser, l'entretenir, l'apprivoiser. Un minuscule pas après l'autre, tu vas ouvrir ton cœur de plus en plus spontanément. Tu vas reconnaître le désir de relation qui te meut. Accepter ce désir est le visage de la spiritualité la plus profonde en toi, une forme d'éveil, une sagesse qui te relie au monde.

Sors de ton enfermement, prends ce risque. Il en vaut la peine.

Exercices pour apprendre à développer le bonheur d'entrer en relation

Exercice 1

Envoie trois mails à trois personnes que tu apprécies. Varie les profils : un membre de ta famille, un collègue, un ami. Ne leur demande rien de particulier, contente-toi de nouer un dialogue. Tu vas les toucher en trouvant la distance juste, celle qui n'est ni froide ni intrusive. Tu pourras leur dire que tu as apprécié tel acte, telle parole, tel geste de leur part. Tu ne les toucheras pas tous de la même manière ! Une astuce pour trouver la bonne distance : focalise-toi sur la relation plutôt que sur vos deux individualités.

Exercice 2

Profite de cette course que tu as programmée : chez le boulanger, au supermarché ou pour t'acheter une paire de chaussures, qu'importe. Ou alors de ta pause dans un café. Dis-tu un vrai bonjour au vendeur, au serveur, au caissier ? Un bonjour accompagné d'un sourire ? Pars de là où tu es. Si ce bonjour t'est facile, essaye d'aller plus loin. Entre en rapport à ton désir de tisser une relation, aussi éphémère soit-elle. Laisse tomber tes peurs, ta timidité, les jugements que tu portes sur ta personne.

À partir de ce désir, apprivoise l'énergie que tu ressens en toi, cette lumière qui va t'éclairer et te réchauffer. Ah, vous avez même bavardé ?

Exercice 3

As-tu tenu aujourd'hui une main, une épaule, t'es-tu rapproché(e) physiquement de quelqu'un dans un geste de pure affection ? Juste ce geste qui à la fois rassure, réconforte et crée du lien. Tous les jours, tu t'y entraîneras...

Exercice 4

Les grands chefs connaissent ce secret. Et toi, es-tu déjà entré(e) en relation avec la beauté d'une tomate ? Avant de l'accommoder, caresse-la, sens son énergie. Laisse-toi prendre au jeu et entre en lien avec elle. Tranche-la, assaisonne-la en étant en rapport avec elle. Se suffit-elle de sel pour se métamorphoser ? Ou bien a-t-elle aussi besoin d'un filet d'huile d'olive ? Toutes les tomates ne se dégustent pas de la même façon ! Dialogue avec ta tomate, elle te dira ce qu'elle aime et ce qu'elle aime moins.

Exercice 5

Sors de ta fonction ! Au travail, nous sommes tous pris dans la fonction qui nous sert de masque. Je suis professeur, vendeur, soignant, guichetier… Mais que signifie entrer en relation avec la dimension profondément humaine de ma fonction et de mon vis-à-vis ? À ce client ou cette cliente, dis quelque chose de surprenant qui va le ou la toucher. Un sourire, un merci, peut-être une petite plaisanterie qui donnera naissance à un sourire. Tu sortiras de ta zone de sécurité, tu vas peut-être te mettre un peu à nu, mais c'est uniquement à cette condition que tu découvriras, au-delà de ta fonction, la chaleur et la bienveillance. Le bonheur du lien…

Chapitre 11

La porte bleue
Le bonheur de la clarté

Tu as certainement connu les affres de l'attente d'un diagnostic : face à l'écran noir de ton ordinateur, à côté de ta voiture ou de ton scooter qui ne démarre pas, chez le médecin qui t'a demandé de nouvelles analyses pour essayer de comprendre pourquoi tu as mal au ventre. Tu es d'autant plus angoissé(e) que le premier expert ou le premier médecin que tu as consulté a semblé dérouté par cette panne ou par cette douleur sans cause évidente. Ce second spécialiste qui t'a été conseillé te paraît plus carré : il a compris le problème, il te propose tout de suite la solution. Sa clarté te soulage infiniment. C'est le bonheur de la porte bleue.

Certains ont naturellement ce don de la clarté. Tu en fais peut-être partie. Tu sais démêler les nœuds, trouver la voie d'accès pour entrer dans les dossiers les plus complexes sans tourner en rond comme dans un labyrinthe. Les solutions se présentent à toi de manière presque spontanée, elles sont une évidence. As-tu conscience de ce que tu éprouves à ce moment ? Tu sors de l'ordinaire, de la banalité, pour être dans le bonheur de la clarté. Mais le plus souvent, tu balayes ce sentiment pour passer à autre chose…

Ton don est puissant. Certes, comme tous les dons, il est à double tranchant. Si tu apprends à le connaître, à le maîtriser, il te conduit vers la lumière. En revanche, si tu l'ignores ou si, au contraire, tu essayes de le brusquer, de l'asservir, il se transforme en une lame d'acier, redoutable pour toi et pour les autres. Le paradis devient enfer.

Au fond, aucun de nous n'est vraiment démuni de ce don, même s'il est plus prégnant chez certains. L'apprivoiser a une vertu précieuse : tu peux enfin sortir du brouillard qui parfois t'enferme, dans lequel il t'arrive d'avoir du mal à te diriger, pour voir enfin ce qui te semblait fermé. Ce bonheur que tu connais est ta voie d'accès privilégiée à la spiritualité.

Pourquoi cette porte est-elle bleue ?

Le bleu de cette porte est celui du ciel et de l'océan, il reflète leur profondeur et leur amplitude infinie. Quand tu franchis cette porte, l'univers te paraît plus vaste. Tu n'as plus les pieds englués dans les petits problèmes réputés insolvables qui entravent ta marche, parce que ces problèmes-là, tu les as résolus. Tu es l'oiseau qui vole dans le ciel sans rencontrer d'obstacles, le poisson souverain qui fend les eaux et file droit devant lui. Le bleu symbolise la puissance de cette énergie, sa clarté devant laquelle les obstacles s'inclinent.

Si le bleu est ta porte dominante

Tu es animé(e) au plus profond de toi par le désir de comprendre, d'apprendre, de clarifier, d'avancer. Cet état d'esprit qui t'est particulier t'aide à te saisir de toutes sortes de situations : un dossier à étudier, un texte ou un mail à rédiger, un conflit entre collègues ou entre amis. Tu ne supportes pas la confusion et tu détestes que l'on te raconte des histoires. Ton esprit est vif, frais, aussi cristallin qu'un matin clair d'hiver.

Tu as un don particulier : tu vois en même temps la situation dans son ensemble, ses plus infimes détails et le chemin vers la solution. Les problèmes sont pour toi comme une carte routière : le tracé des routes n'occulte pas le tableau d'ensemble du territoire que tu vas parcourir. Ces deux éléments se nourrissent pour tracer la voie à suivre jusqu'au point d'arrivée.

Ce don a une force d'apaisement. Pour toi et pour les autres qui bénéficient, à travers toi, de ses retombées : il peut dissiper l'enfermement, le ressassement, le bavardage, la confusion. Il est alors au cœur de l'expérience spirituelle que la clarté de ton esprit te permet de vivre :

– Quand tu chevauches cette énergie, quand tu fais confiance à ton don, tu sors de la réalité mécanique du labeur et de l'effort : ce n'est plus toi qui cherches la solution, mais la solution qui se montre à toi. C'est la phrase juste qui vient dans le texte que tu écris, le diagnostic exact que pose spontanément le médecin face à un cas compliqué, ton dossier qui d'un coup semble s'ajuster tout seul à ce qui t'était demandé. As-tu conscience du soulagement que tu vis et que tu offres ainsi aux autres ?

– La clarté de ton esprit a le pouvoir de te mettre en union avec le monde, avec la réalité. Tu as la possibilité de ne plus en être coupé(e), de ne pas être enfermé(e) en toi-même, mais de faire corps avec ce texte que tu écris, avec ce dossier que tu étudies, de manière immédiate et non fabriquée. Les bavardages s'estompent, il te reste l'essentiel, dépouillé de complexité. Tu as su, tu as compris, même si tu ne sais pas par où tu as su et compris. Apprends à apprécier cet état d'ouverture et d'unité qui est aux racines de la spiritualité.

– Tu es, de ce fait, réconcilié(e) avec la réalité. Tu n'es pas contre le monde, mais tu marches avec lui. Tu n'es plus séparé(e) de ce qui est. Tu te tiens au sommet de la montagne, par temps clair, et le monde se déploie à tes pieds. Tu vis plus qu'un apaisement, tu sens que tu as atteint ta propre patrie : ton désir profond qui s'accomplit. Tu respires.

Accepter l'ambivalence du bleu

La spiritualité que tu vis à travers le bonheur de la clarté se heurte cependant à l'ambivalence du réel. Car le monde n'est pas parfait. Tu es fatalement confronté(e) au mensonge, à la tricherie, aux coups bas, aux changements inopinés de trajectoire, d'objectif, à des contraintes inattendues. Ton désir profond se mue alors, malgré toi, en irritation, en énervement, il risque aussi de te conduire à te retrancher dans une crispation qui te coupe de la réalité telle qu'elle est. Si tu n'y prends pas garde, ton don peut t'empoisonner.

Comment faire avec tous ces gens qui créent de la confusion, qui mentent même parfois ?

Vivre, il est important que tu l'admettes, c'est aussi assumer cette dimension de la vie contre laquelle tu ne peux rien... sinon faire appel aux pouvoirs de la spiritualité. L'essence de celle-ci consiste à rencontrer l'être profond que l'on est. Pour toi, cela implique de reconnaître le don que tu as, cette puissance de voir ce que les autres ne voient pas. Tu es animé(e) par la passion de la clarté. Réconcilie-toi avec elle, avec toi, pour intégrer l'ambivalence dans l'ampleur de ta vision afin qu'elle cesse de te chagriner.

Ton désir est plus vaste et profond que tu ne le crois.

Néanmoins, tu te mettras parfois en colère. Tu t'en voudras en te souvenant de toutes les injonctions à te calmer qui te parviennent. Ne te reproche pas ta colère ! Toutes les traditions nous rappellent qu'il existe des colères justes, dignes, des colères sacrées comme celles de Jésus face aux marchands du Temple ou des dieux courroucés des panthéons bouddhistes et hindous. Ton courroux sera salutaire quand tu ne te laisseras plus manipuler par lui, quand il sera ce qu'il doit être : ta capacité de dire non à ce qui est faux ou injuste. Il est des courroux qui se transforment en puissances créatrices et libératrices. Ne te laisse pas décourager. Ne renonce jamais à ton désir de clarté.

Les blessures de la porte bleue

La puissance de cette énergie intimide et, quand elle n'est pas apprivoisée, elle effraye. À raison, d'ailleurs. Limpide quand elle s'ouvre au souffle de la spiritualité, elle devient tranchante, dure, quand elle est soit méconnue, soit déviée.

Une première blessure est celle de l'aveuglement lié à ton désir de clarté. Celui ou celle qui y succombe est obsédé par son don au point d'en oublier tout le reste : la tendresse, la chaleur humaine, le sens de l'humour, les modalités de l'interaction avec l'autre. Son regard, son esprit sont perçants ; telle une machine, ils scannent le monde en permanence et aucun défaut ne leur échappe. Quand cette blessure est poussée à son extrême, la personne devient, dans son entièreté, d'une dureté insoutenable. Par sa puissance, elle écrase ce qui l'entoure. Elle se déshumanise. Elle aboie ses ordres, persuadée d'être dans le vrai, et elle est impitoyable avec ceux qui ont besoin de plus de temps, voire qui proposent d'autres voies, d'autres solutions. Elle les juge indignes d'être écoutés. Elle n'écoute plus rien, elle se coupe de tout.

Une deuxième blessure naît de la tentation de mettre cette énergie au service du moi. De s'estimer possesseur de la vérité alors que la vérité ne se possède pas : notre seul pouvoir est de parvenir à la voir clairement quand elle surgit de la situation. Ce n'est jamais toi qui sais, mais c'est toi qui as la disposition de voir la clarté quand elle apparaît. La personne qui souffre de cette blessure ignore le souffle de l'ouverture : elle est renfermée sur elle-même, dans ce qu'elle voit et qui lui semble tellement évident qu'elle refuse d'envisager l'existence même d'un autre point de vue. Quand cette blessure est poussée à l'extrême, la personne fige cette énergie dans un cadre où, au lieu de voir les choses comme elles sont, elle les force à entrer dans l'ordre qu'elle veut. La spiritualité se perd dans cette crispation et dans sa brutalité envers le réel.

Une troisième blessure est celle de l'énervement constant. Un énervement vain, qui n'a rien à voir avec la colère sacrée. Elle touche en particulier celles et ceux qui n'ont pas reconnu leur don : ils se sentent traversés par cette énergie, mais elle leur reste étrangère. D'une part, ceux-là se perçoivent menacés par tout ce qui n'est pas clair : ils n'admettent pas l'ambivalence du monde, tout, pour eux, doit être noir ou blanc. Le gris n'existe pas – ne parlons même pas des autres couleurs. D'autre part, ils ressentent ce manque de clarté comme une menace qui pèse sur eux, une attaque personnelle : de la part de l'autre qui ne possède pas une vision aussi claire, ou bien qui a commis une erreur volontaire ou involontaire, et qui risque donc de faire revenir le brouillard de la confusion.

La quatrième blessure, la plus paradoxale, est celle de l'obsession de ces détails que tu as la chance d'être capable de voir, de saisir au vol. Mais cette obsession peut t'amener à occulter la globalité de la situation au profit des seuls détails. Ces derniers sont tellement présents qu'ils finissent par t'aveugler – le repas était délicieux, à l'exception de l'assaisonnement de la salade, et te voilà frustré(e) : tu ne vois plus que cela.

Or, sur une carte routière, si tu perds de vue le point de départ et celui d'arrivée, tu te perdras en chemin…

Cette énergie que tu possèdes, cette porte que tu peux franchir à volonté, sont précieuses. Célèbre-les mais ne les laisse pas être corrompues par la gestion froide ni par la colère destructrice. Réconcilie-toi en permanence avec elles en revenant sans cesse à ton désir profond de clarté. C'est à partir de là que l'énergie de la clarté peut se déployer. Tu as ce don en toi, ce pouvoir d'apaiser, de régler un problème, de remettre de l'ordre dans le chaos. C'est une énergie dont notre monde a besoin.

Comment se connecter à la spiritualité de cette porte

Quand tu chevauches l'énergie de la porte bleue, le cœur de ta spiritualité réside dans ta quête de clarté. Commence par te relier à ce désir qui te porte, te soulève. Tu as le don de savoir te relier à une situation de telle sorte que la voie à emprunter pour résoudre un problème se révèle littéralement à toi. Tu ne te bats pas contre le réel mais tu sais épouser le monde, être un avec lui, sans bavardages, sans tensions, de manière juste, avec sérénité et en toute liberté. Il ne te reste plus qu'à prendre l'initiative d'emprunter cette voie qui te semble si évidente, si aisée que tu en es troublé(e). Ose te laisser habiter par la tranquillité du ciel, de l'océan, ne te détourne pas du contentement d'une profondeur infinie que tu éprouves alors. Grâce à toi, ce qu'il y avait à voir se montre.

Autorise-toi à apprécier ces moments où tu n'es pas dans les questionnements, les doutes, l'inquiétude, la peur. Où tu sais que ce que tu fais est juste. Où tu vis ce que le bouddhisme tibétain nomme l'expérience du miroir cosmique, quand l'esprit, sans début ni fin, ne se bat plus pour acquérir des connaissances mais se contente de refléter ce qui est, sans interprétations fabriquées. La pureté et la transparence du miroir sont incorruptibles : il ne sait ni mentir, ni enjoliver, ni complexifier. Dans sa clarté, il dit juste ce qui est.

Ton désir de voir recèle par ailleurs une grande capacité de compassion. L'as-tu explorée ? Ta clarté a le pouvoir d'apaiser, de soulager les autres. J'étais au Japon à une époque où les smartphones avec leurs GPS que nous avons désormais toujours à portée de main n'existaient pas. Je me rendais à un rendez-vous mais, bien qu'ayant reçu toutes les indications, je ne trouvais pas l'adresse. En sortant du métro, je ne savais plus de quel côté me diriger : à gauche, à droite ? À mesure que l'heure avançait, que je commençais à prendre du retard, je m'agaçais, j'angoissais, je me laissais submerger par des sentiments que connaissent tous ceux qui, un jour ou l'autre, se sont perdus dans un quartier, dans une ville dont ils ne parlent pas la langue. Finalement, un passant qui bredouillait quelques mots d'anglais m'avait sauvé. Il m'a fait un dessin et tout est devenu simple. En fait, j'étais presque à destination. Je me souviens de mon soulagement. Je lui ai spontanément souri, je lui ai dit merci. Sa clarté m'avait libéré. Tant de souffrances viennent du fait qu'il n'y a pas de clarté !

L'expérience spirituelle : la joie de voir clairement et de résoudre les difficultés

Tu as récupéré un dossier que tes collègues ne parvenaient pas à finaliser. Ils s'étaient perdus dans des détails, avaient emprunté une mauvaise voie et n'en trouvaient plus la clé. À la première lecture, tu as compris par où il fallait l'aborder. Tu y consacres ta matinée. Derrière ton ordinateur, tu sens que ce dossier te répond, que la présentation qui t'a été demandée se rédige toute seule, d'elle-même, sans te demander d'efforts. Tu as oublié tous tes soucis, tous tes ressassements, tu ne vois pas l'heure passer. Tu es, en fait, dans une autre modalité de présence au monde, dans une profondeur, dans un océan où tout se montre pleinement. Tu n'es plus face à ce dossier, tu es avec lui. Il n'y a plus de séparation entre toi et ce dossier, entre toi et le réel, entre toi et la vie.

Tu es libre comme un oiseau. Je sais, tu n'appelleras pas cela une expérience spirituelle. Tu as tort, mais ce n'est pas ta faute : tu es encore pétri(e) de l'idée que la spiritualité consiste à quitter le monde relatif pour un ailleurs. En réalité, elle est une articulation entre les choses les plus ordinaires et les phénomènes les plus sublimes. Le carrefour d'où jaillit le bonheur, parfois l'extase. Elle est ce que tu es en train de vivre, mais que tu dois simplement t'autoriser à continuer à vivre.

Qui l'incarne ?

Sherlock Holmes est la personnalité « bleue » par excellence : il repère le détail que personne ne voit, sans perdre de vue le tableau dans son ensemble, et trouve toujours une solution – c'est, pour lui, un vrai moment de jubilation. Ce détective, créé en 1887 par sir Arthur Conan Doyle, est devenu un archétype qui continue de nous fasciner. À cause, justement, de cette énergie qui se manifeste dans chacune de ses paroles, chacun de ses gestes. « Élémentaire, mon cher Watson », sa célèbre réplique entrée dans le langage courant, est la phrase spirituelle par excellence pour toutes celles et tous ceux qui sont dans l'énergie de la porte bleue : il regarde le problème avec une telle clarté que la solution des cas les plus complexes est, pour lui, une évidence. Sais-tu qu'il est le personnage qui a fait l'objet du plus grand nombre de films dans l'histoire du cinéma ?

Comment cultiver ce don si tu ne le possèdes pas

J'avais vingt ans quand j'ai approché la spiritualité par le biais de la méditation. Pour moi, elle était une affaire de cœur, d'émotions, d'ouverture. Je n'y voyais aucun rapport avec l'énergie de la porte bleue et son monde carré, en ordre, impliquant de ranger, de trancher. Cette énergie me faisait peur, je la pensais dure, glaciale, cruelle, aux antipodes de la chaleur, de la tendresse qui me manquaient et que je cherchais éperdument.

J'ai été initié aux cinq portes par des maîtres tibétains qui ne m'ont pas brusqué mais qui m'ont amené à apprivoiser doucement cette énergie. Il m'a d'abord fallu comprendre que l'intelligence à laquelle elle fait appel n'est pas celle des érudits, mais qu'elle relève de la sagesse qui clarifie. Pas à pas, j'ai appris à en avoir moins peur puis à convoquer le pouvoir de la pensée quand il m'est nécessaire. Cette énergie m'intimidait. En l'apprivoisant, et bien qu'elle ne me soit pas naturelle, j'ai appris à m'accomplir. Hypersensible, j'ai peu à peu goûté à la manière dont la porte bleue apaise en remettant les choses à leur place, en éclairant les situations. Je l'invoque désormais souvent. Elle est devenue une alliée.

Tu possèdes toi aussi cette énergie, cette clarté, et j'en ai la preuve : sans clarté, comment préparerais-tu à manger, comment saurais-tu dans quel ordre cuire les aliments pour réussir ta ratatouille ? As-tu conscience qu'en fait, tu es en permanence en train de regarder le réel pour t'y ajuster ? Cette intelligence est en toi. Elle n'est peut-être qu'une petite graine, mais elle est là. Au quotidien, il te suffit de la désirer pour qu'elle se manifeste. Et, dès qu'elle advient, tu reprends confiance.

Je vais t'en donner une autre preuve. Choisis une tâche simple, qui ne te fait pas peur : ranger une armoire, bouturer une plante, essayer une nouvelle recette de cuisine. Au lieu de procéder de manière mécanique, prends un tout petit peu de recul pour regarder à la fois ton point de départ et le résultat que tu escomptes, l'ensemble de la situation et ses détails. Rentre dans cette tâche, franchis les étapes, avance vers la solution. De temps en temps, interroge-toi sur ton ressenti, c'est-à-dire sur les effets que cette clarté a sur toi. Comment te sens-tu ? Apaisé(e) ? Réjoui(e) ? Souviens-toi de ton soulagement la dernière fois que tu as rangé ton bureau, quand tout y était en ordre et chaque chose à sa place…

Exercices pour apprendre à développer le bonheur de la clarté

Exercice 1

Accorde-toi une heure pour ranger une armoire – ou, si tu n'as vraiment pas le temps, un quart d'heure pour ranger un seul tiroir. Sors tout ce que contient cette armoire (ou ce tiroir) et repars de zéro. Tu vas forcément te poser des questions : quel ordre choisir, quels objets mettre ensemble, quel principe de rangement adopter ? Tu vas peut-être devoir trouver une boîte pour les chaussettes ou une enveloppe pour les trombones qui sont éparpillés. Tu le fais souvent sans y penser ! Entre pas à pas dans cette tâche, avec la conscience de la finesse de ton regard et de la justesse de tes décisions. Prends le temps de ressentir l'apaisement, puis le bonheur que te procure cette clarté. Reviens à ton cœur, interroge-le : qu'est-ce que cet ordre, cette clarté, t'ont apporté ?

Exercice 2

La relation entre deux personnes de ton entourage s'est tendue : des collègues proches, des amis, des membres de ta famille. Depuis quelque temps, ils se parlent à peine et cette situation jette un froid dans tout votre groupe. Entame une médiation en faisant appel au pouvoir de la clarté. Pour cela, il te faut commencer par comprendre ce qu'il se passe vraiment. Interroge-les successivement, sans dissimuler ton objectif qui est l'apaisement. Ne porte aucun jugement : ton rôle est de regarder, d'éclairer la situation. Souvent, cela suffit à résoudre le problème.

Exercice 3

Quelle est la tâche dans laquelle tu n'as pas encore osé te lancer, en l'estimant trop compliquée pour toi ? Réussir un soufflé ? Lire un livre de philosophie ? Coudre une robe ? Ce sera le défi... que tu vas relever. Convoque ton pouvoir bleu ! En général, c'est parce qu'on brûle les étapes qu'on ne réussit pas : on veut arriver à la fin sans avoir pris le chemin. Ces étapes, tu vas les décomposer. D'abord tu prépares le matériel dont tu as besoin et tu planifies le chemin qui sera le tien. Renseigne-toi au besoin : sur Internet, auprès d'un ami. L'objectif n'est pas autant de réussir la tâche elle-même que d'apprendre à être moins brouillon, à rechercher encore plus de rigueur, de précision et de clarté.

Exercice 4

Tu es bloquée(e) devant un dossier, un problème et tu as l'impression de tourner en rond sans réussir à t'en sortir. Tu vas avoir l'humilité de l'exposer à une tierce personne, d'écouter ses doutes, ses remarques et ses interrogations sans te révolter. Souvent, on est enfermé dans sa propre logique, source d'un brouillard qui nous empêche de trouver la clé, pourtant à portée de main.

Exercice 5

Es-tu en colère parce que tu vois clair dans ce dossier mais que les autres ne te comprennent pas ? Tu n'es pas coupable de sentir ce que tu sens. Il y a une forme d'intelligence dans ta colère, mais tu vas ouvrir l'espace, ouvrir le champ pour l'aider à se dissiper.

Pose-toi là, sur ta chaise, sur ton fauteuil. Abandonne-toi à cette chaise, à ce fauteuil. Reviens à ta seule présence corporelle, c'est-à-dire à la simple sensation corporelle d'être assis.

Prête attention au contact de tes pieds avec le sol. Il t'ancre, il te pose.

Ouvre-toi ensuite à ce qui t'entoure. Regarde autour de toi, il y a des objets qui te sont familiers, d'autres qui le sont moins, il y a ceux que tu aimes et ceux que tu n'aimes pas. Accorde-toi le temps dont tu as besoin, 3 minutes, 5 minutes, plus s'il le faut.

L'enjeu de cet exercice est de te donner du lest pour être moins dans le tumulte. Tu vas rouvrir le champ de ta conscience et, sans même t'en rendre compte, tu reconsidéreras ton problème avec plus d'espace, plus de latitude.

Chapitre 12

La porte blanche
Le bonheur d'être pleinement confiant

L'énergie blanche est celle de ma grand-mère qui, lorsque j'étais enfant, une énigme pour mes parents, ouvrait ses bras pour m'accueillir sans le moindre reproche, sans le moindre jugement. Elle m'accueillait vraiment, pleinement, tel que j'étais, avec mon hypersensibilité, mon hyperémotivité, mes enthousiasmes, mes colères, mes caprices. Ses bras qui me faisaient confiance lavaient mes tourments, ils effaçaient mes problèmes, chassaient le mauvais sort qui semblait me poursuivre. Ils m'autorisaient à revivre.

L'énergie blanche est la capacité d'ouvrir la porte quand quelqu'un sonne, de lui dire bonjour et d'être disponible, présent pour lui, qui qu'il soit. C'est ton chef de service qui t'écoute vraiment au lieu de te parler entre deux portes, c'est le soignant qui se pose quelques minutes au chevet d'un patient en lui tenant simplement la main, un geste inouï qui soulage, qui soigne, qui guérit.

À l'articulation de l'accueil, de la détente et de la confiance, elle est l'expérience spirituelle la plus évidente, celle que nous pouvons tous convoquer le plus facilement, même lorsque cette énergie ne nous est pas la plus familière, la plus aisée.

C'est l'expérience que j'avais vécue, jeune lycéen, sur le banc du parc où j'avais attendu mes camarades. Une expérience d'ouverture, de réconciliation qui avait fait naître en moi un soulagement profond : j'étais enfin serein. Sur le moment, je n'avais pas saisi son impact sur ma vie, le sentiment de paix, de limpidité qui allait persister dans les jours et les semaines qui ont suivi.

Pourquoi cette porte est-elle blanche ?

Le blanc est la couleur primordiale à partir de laquelle jaillissent toutes les autres couleurs. C'est la page blanche qui s'offre à toi pour que tu puisses écrire. C'est l'espace ouvert dans lequel tout peut se manifester, celui d'une pièce qui n'a pas encore été aménagée : parce que cet espace existe, tu peux disposer tes meubles, tes tableaux, tes objets. Quand tu es animé(e) par cette énergie, par les dimensions d'accueil et d'ouverture qui lui sont intrinsèques, tu deviens cet espace en dehors duquel rien ne peut se produire, rien ne peut être.

Si le blanc est ta porte dominante

Tu es dans l'ouverture inconditionnelle : au monde, aux autres dont tu ne te sens pas séparé(e), distinct(e). Tu y puises la force immense d'accepter les choses, les êtres, comme ils sont, de laisser être ce qui est, de tout autoriser à se déployer. Même face aux problèmes, tu es d'abord dans l'acceptation. Tu commences par ouvrir la porte, par dire bonjour. Tu as la puissance de pouvoir dire ce bonjour sans peur, sans raison, pour le seul bonheur d'accueillir. Tu sais dépasser les préjugés, ta vision large, englobante, te permet de ne pas juger sans être pour autant aveuglé(e).

Le secret de ton énergie est qu'elle n'aime pas séparer, tronçonner, diviser. Elle est suffisamment puissante pour voir l'autre dans son entièreté, pour dépasser les petites tares, les petits défauts et remettre chacun dans son humanité. Ma grand-mère savait que je n'étais pas un enfant facile, mais pour elle, j'étais d'abord un enfant, d'abord son petit-fils.

Les personnes dotées de cette énergie peuvent sembler lentes : elles prennent leur temps, elles n'aiment pas être bousculées. Il est vrai qu'elles ne font pas « effet », elles ne s'imposent pas, ne se la « jouent » pas. Du coup, les autres ont tendance à passer à côté du trésor d'intelligence, de perspicacité et de tendresse qu'elles recèlent. Leur capacité d'accueil les dote d'une finesse et d'une sensibilité hors pair. Elles se tiennent en retrait ? Certes, mais c'est pour laisser de l'espace à l'autre. Pour ne pas l'étouffer…

Cette énergie est volontiers associée, dans notre société, à ceux qui font métier d'accueillir. Des métiers souvent peu valorisants. Quelle croyance réductrice ! Je connais de grands dirigeants d'entreprise qui sont mus par cette énergie. Leur douceur n'est pas mollesse mais apaisement. Leur capacité d'acceptation n'est pas fatalisme mais curiosité. Leur bonté n'est pas moralisante, elle est une sagesse, un savoir, une intelligence agissante qui éteint les conflits. Elle est la capacité d'écoute qui manque à notre époque, à notre temps. Elle est un pouvoir puissant.

Ton bonheur d'accueillir s'exerce jusque dans l'infime simplicité. Tu es capable de t'émerveiller devant un caillou, devant une petite fleur, de te réjouir de leur présence qui t'amène aux portes de l'expérience spirituelle :

– Grâce à cette énergie qui te porte, ce caillou, cette fleur deviennent le monde tout entier pour te combler. Ils te sortent de la grisaille de l'existence ordinaire.

– Tu es heureux(se) de laisser être, de l'espace que tu sais créer et entretenir. Tu sais entrer dans la contemplation qui est au cœur de l'énergie blanche et qui est ta voie royale pour une expérience spirituelle.

– Tu trouves ta place dans le monde quand tu as levé les barrières qui séparent. Quand tu tends la main et que tout s'apaise autour de toi…

Accepter l'ambivalence du blanc

Cependant, tu te heurtes fatalement à l'ambivalence du monde. Tu dois y opérer des choix, mais le choix est difficile pour toi. Tu voudrais maintenir en permanence l'ouverture, conserver l'unité ; mais dans la vraie vie, il y a aussi de la confusion, des rivalités, des aigreurs. Dans la vraie vie, tout le monde n'est pas toujours gentil, ni simple, ni sans histoires. Et tu en souffres.

Or, vivre, c'est assumer l'ambivalence intrinsèque au monde, le jeu d'ombres et de lumières qui est au cœur du réel. C'est admettre que l'ombre n'est pas toujours une méchanceté, une faute, un manque, qu'elle n'est pas dirigée contre toi dans l'objectif de te priver du sentiment unitaire d'espace et de douceur auquel tu aspires. C'est consentir à la polarité et accepter de jouer le jeu. C'est revenir sur terre pour te confronter au désordre de la vie, même si c'est douloureux.

Évite le piège de l'aveuglement dans lequel tu peux parfois tomber pour protéger ta volonté d'accueillir à tout prix, parfois au détriment de toi-même. Dire non, porter un jugement, entrer en conflit, assumer une aspérité, n'est pas forcément une trahison de l'unité, de l'ouverture que tu désires si profondément ! Prends garde : si tu t'aveugles, cette énergie spirituelle cessera de se déployer. Accueillir sera juste une posture qui te protège… au détriment de toi-même et de ton épanouissement.

Les blessures de la porte blanche

Pour se déployer, l'énergie blanche a, comme les autres énergies, besoin d'être reconnue. Si elle est en toi et que tu ne la cultives pas, si tu la méprises et ne fais pas la paix avec elle, ses blessures peuvent être profondes et particulièrement douloureuses.

L'une de ses blessures les plus communes est ce que j'appelle le syndrome de la petite souris. Tu te sens abandonné(e), désorienté(e), perdu(e), transparent(e), ne comptant pour personne. Le monde devient pour toi un trou noir dans lequel tu doutes que tu aies une place. « Je suis incapable », « Je ne réussis rien », « Je ne me relie à rien »… Dans une réunion, tu donnes de l'espace, tu écoutes les autres. Si tu es fort(e) de ton énergie, tu es précieux(se). Si tu l'ignores, tu pourrais devenir celle ou celui que l'on ne voit plus, que l'on écrase. Tu négliges la force que renferme ton cœur, tu te compares à la porte rouge qui est chaleureuse, à la porte bleue qui est tranchante, et tu finis par te convaincre que tu n'es rien. Tu t'oublies... Cette blessure est particulièrement présente dans nos sociétés. Ce n'est pas le cas dans une grande partie du monde où la sobriété, la simplicité, l'humilité, le respect ne sont pas considérés comme des faiblesses mais se nomment encore la sagesse.

Quand tu te dévalorises, ta capacité d'ouverture devient un abîme, le silence est de mort, il n'est pas vivifiant. Tu tournes en rond, tu te cognes la tête contre les murs, tu ressasses, tu étouffes dans ta vie où il n'y a plus d'espace, où il n'y a plus de sens, où il n'y a plus rien. Cette deuxième blessure advient quand, plutôt que de te confronter à l'ambivalence, de retrousser tes manches, de procéder à des choix, tu préfères te retirer, t'anesthésier avec l'illusion qu'ainsi, sans bouger, tu n'abîmeras pas l'unité. Tu te paralyses, tu t'empoisonnes.

En retrouvant l'énergie de la porte blanche qui est en toi, en renouant avec sa dimension spirituelle, tu ouvres à nouveau les fenêtres, tu dissipes le brouillard, tu respires.

Comment se connecter à la spiritualité de cette porte

Assume l'ambivalence ! Le monde n'est heureusement pas statique, et tu ne peux donc pas rester dans l'ouverture immuable. Agir, choisir, assumer ne sont pas forcément des trahisons spirituelles mais, au contraire, des occasions de vivre la spiritualité.

Le bonheur de la contemplation ne peut pas te suffire. Tu te connecteras d'autant mieux à la spiritualité de la porte blanche que tu sauras t'incarner, t'enraciner, prendre corps pour mieux accueillir, pour mieux t'ouvrir à l'autre, au monde. C'est la représentation chinoise de l'être humain qui habite entre le ciel et la terre, qui est le trait d'union entre le ciel et la terre. Ce sont ces images très parlantes, évoquées par la plupart des spiritualités, qui t'invitent à être l'arbre enraciné, la montagne protectrice. Ce sont aussi ces représentations du Bouddha, de Jésus, des êtres qui se sont incarnés pour vivre jusqu'au bout leur spiritualité.

Des gestes très simples t'aideront à te réconcilier avec cette dimension : marcher, nager, prendre soin de toi, t'ancrer pour trouver ta place sur terre sans cesser d'être en lien avec le ciel qui est au-dessus de toi. Le réel dans sa complexité, et avec ses différentes couleurs, cessera d'être décevant. Tu accepteras la polarité de l'existence sans renoncer à ton désir profond, à ton don d'harmonie et de complétude. En allant au bout de ton désir spirituel, en l'incarnant, tu accueilleras l'ombre et la lumière. Tu continueras de sauver l'humanité dans notre société.

L'expérience spirituelle : la joie d'être ouvert et bienfaisant

Tu t'accordes quelques minutes pour prendre un café sur ce banc, au soleil. Tu t'autorises à lever l'ancre, à tout lâcher. À être une page blanche sur laquelle tout peut encore s'inscrire. Tu es juste là, simplement là. Ton esprit se détend, les bourdonnements qui te hantent s'éloignent, ton identité elle-même s'estompe dans cet espace où tu prends ton café. C'est une expérience ordinaire pour les personnes habitées par l'énergie blanche. Tout aussi ordinaires sont ces questions qui surgissent aussitôt en toi : ai-je le droit ? Ne suis-je pas égoïste de rester là, de prendre du plaisir à rester là alors que j'ai tant à faire ?

Cette fois, tu vas faire confiance à la profondeur de cette expérience. Tu vas essayer de ne plus te regarder, de ne plus te contrôler, d'être simplement un être vivant qui entre dans un océan de présence. Tu as l'impression d'être baigné(e) dans une fontaine. Laisse ton esprit se détendre, sens-le devenir aussi vaste que l'immensité, laisse-toi redevenir un bébé émerveillé, dans le bonheur de gazouiller. Tu touches un état naturel qui te libère. Tu découvres une expérience spirituelle qui agit : plus tu t'autorises à la vivre, plus elle va te libérer de tes problèmes et doucement guérir tes blessures.

Qui l'incarne ?

Tintin est un héros paradoxal. Sans être particulièrement fort ni intelligent, il se sort de situations inextricables grâce à d'autres atouts, bien plus précieux : il a le bon cœur un peu naïf qui est au centre de l'énergie blanche, il est curieux, ouvert, accueillant aussi bien avec ceux que tout le monde méprise qu'avec les « grands chefs » intimidants. Un rêve le conduit au Tibet : il a cru entendre son ami Tchang l'appeler au secours. Il n'a aucune certitude, il n'obéit à aucune logique, il ressent et il est ouvert à ce qu'il ressent. « Je sens, en dépit de toutes les apparences, qu'il est vivant », affirme-t-il. Il ne planifie pas, persuadé qu'en étant ouvert aux situations, il trouvera une solution. « Cœur pur », le surnomme le lama.

À travers Tintin, Hergé a retrouvé une figure marquante de la culture occidentale, celle du héros qui n'est pas le plus fort mais qui réussit mieux que les autres. C'est Perceval qui, dans les grands romans de la Table ronde, possède une innocence lui permettant de poser toutes les questions qui lui traversent l'esprit. Il est au-delà des calculs ordinaires et possède, de ce fait, la capacité d'être ému par des détails auxquels les autres chevaliers ne prêtent pas attention – des détails qui se révèlent cruciaux pour la suite de l'aventure. Ces héros ne sont pas seulement attachants : ils sont indispensables à la survie de la société.

Comment cultiver ce don si tu ne le possèdes pas

Cette énergie m'était étrangère : je suis d'une nature intense, démesurée. Par la méditation, j'ai peu à peu apprivoisé la puissance que recèle la capacité de s'apaiser, de se poser, d'accepter de redevenir simplement un vivant, présent, là, sans rien faire. Aujourd'hui, je me nourris de cette énergie. Chaque jour ou presque, je mets de côté toutes les tâches qui m'attendent et je me pose quelques minutes, parfois un quart d'heure ou une demi-heure, pour un moment exclusif : j'écoute de la musique. Je me donne à la musique. De manière souterraine, tout ce qui m'encombre s'apaise et je reviens ensuite à mon quotidien.

Tu peux, toi aussi, devenir celui qui accueille, comme le faisait ma grand-mère pour moi. Inconditionnellement. Celui qui donne place à la vie telle qu'elle est. Qui sait s'ouvrir à l'autre, à la dimension de contemplation, au silence. À la joie.

Exercices pour apprendre à développer le bonheur d'être pleinement confiant

Exercice 1

Regarde l'autre, l'inconnu, en ressentant son humanité. Le serveur au café, le conducteur du bus, le vendeur. Pendant une journée, sois attentif(ve) à toutes ces personnes à qui l'on ne prête jamais attention, attentif(ve) à leur existence, à leur présence. Chacun, chacune a une vie, des bonheurs, des emmerdes, des amis, une famille... Le soir venu, livre-toi à un bilan : que t'ont apporté cette attention, cette présence à l'autre, ce sourire de l'autre, sa présence en réponse à la tienne ? Écoute cette légèreté, aussi infime soit-elle, que tu ressens au fond de ton cœur. Ce soir, tu te sens humainement plus riche.

Exercice 2

Livre-toi à un exercice d'uchronie – ce genre littéraire consiste à réécrire l'histoire en modifiant un ou deux éléments, entraînant une cascade de conséquences, jusqu'à modifier radicalement le cours des événements. Durant la semaine écoulée, un collègue, un enfant, un ami a voulu te parler mais tu n'as pas eu le temps d'écouter ce qu'il ou elle avait à te dire. Peut-être qu'ils n'avaient aucun problème mais seulement l'envie de partager quelques minutes ensemble. Quelle était cette urgence qui t'a fait passer outre au bonheur d'être ensemble ? Qu'est-ce qui aurait changé si tu leur avais accordé ces quelques minutes ?

Exercice 3

Va te promener sans aucun but. Marcher en ville ou à la campagne sans te fixer un trajet préalable. Sois disponible à tout ce qui advient et laisse-toi guider par l'inattendu, par ton désir. Tu iras peut-être à gauche, peut-être à droite, peut-être tout droit. Je me livre souvent à cette pratique. Elle permet de déverrouiller des mécanismes, des habitudes qui, au quotidien, nous paralysent, nous emmurent. Nous suivons toujours le même chemin, effectuons la même promenade, nous nous protégeons ainsi inconsciemment de la surprise, de l'inattendu. Cette fois, accepte de découvrir le bonheur des micro-aventures : elles surviennent tout le temps mais on n'y prend pas garde. Laisse-toi surprendre.

Exercice 4

Développe envers ta propre personne la capacité innée d'accueil que tu possèdes envers les autres. Tu éprouves spontanément pour eux une tendresse juste. Peux-tu également la nourrir envers toi ? Sois comme une rose dont chaque pétale se déploie à partir de lui-même. Réjouis-toi d'être là où tu es.

Prends place dans un endroit où tu te sens bien.

Pose ta main sur ton cœur et sens le réconfort que tu peux t'apporter à toi-même.

Ferme les yeux et, la main sur ton cœur, sens s'il y a de la bonté, de la douceur en toi. Si tu n'y arrives pas, souviens-toi d'un épisode récent au cours duquel tu as fait montre de gentillesse envers quelqu'un. À partir de là, essaye à nouveau de sentir s'il y a quelque chose de bon en toi. Prends le temps de voir cette bonté et de la reconnaître.

Tu n'y arrives toujours pas ? Alors rappelle-toi un « merci », un « ça m'a fait plaisir » qui t'a été dit et auquel tu n'as pas prêté attention, estimant que tu n'accomplissais que ton devoir. Laisse le souvenir de cette expérience se déployer en toi, comme un parfum qui embaume ton cœur, ton corps.

Exercice 5

Tu es hyperactif(ve), survolté(e) ? Cet exercice est pour toi. Tu vas faire comme moi : te poser quelques minutes et écouter un morceau de musique que tu aimes. La plupart du temps, on écoute de la musique en vaquant à d'autres occupations. Cette fois, tu ne feras rien d'autre qu'écouter, non seulement avec tes oreilles mais aussi avec ton ventre, avec ton cœur. Laisse les vibrations te mettre en mouvement. Tu sens déjà qu'elles t'apaisent, qu'elles te nourrissent en profondeur. Prête attention à la manière dont la musique œuvre en toi.

Chapitre 13

La porte jaune
Le bonheur de la plénitude

Ma tante approchait de la cinquantaine quand, un matin, un burn-out l'avait frappée de plein fouet, l'immobilisant durant plusieurs mois – elle en avait passé une bonne partie terrée au fond de son lit, le reste en lente rémission. Cheffe d'entreprise, je la connaissais travailleuse acharnée, froide et même tranchante, sobre, déterminée. Je ne l'avais pas reconnue dans la femme exubérante qui m'avait invité à déjeuner au sortir de cet épisode. Une femme chaleureuse, capable de rire, de pleurer, qui irradiait de vie et qui, ce jour-là, m'avait littéralement baigné de sa chaleur et de la générosité de sa présence. Au fond de son lit, ma tante ne s'était pas contentée de panser ses blessures ; elle avait entrepris un long voyage à l'intérieur d'elle-même. Sans aucun mode d'emploi, sans aucune connaissance particulière, elle avait, en se reliant à elle-même, découvert une petite graine qu'elle avait semée puis fait grandir à force de l'arroser. La graine de l'énergie de la plénitude. Celle de la porte jaune…

L'énergie jaune est celle de l'arbre fruitier qui te nourrit : par sa prodigalité, par la vie qu'il porte en lui, par son abondance, par ses enseignements. Quand tu chevauches cette énergie, tu ne vis pas dans le manque, même si tu ne disposes pas de beaucoup : tu es souverain(e), tu t'autosuffis mais tu ne te retranches pas du monde. Au contraire : tu combles les autres de tout ce que tu as… et ta générosité te comble toi-même.

Au collège, l'un de mes enseignants était l'incarnation de cette énergie dont j'ignorais alors l'existence. Il disposait d'un petit bureau, sombre, étroit, dont nous pouvions à tout moment pousser la porte pour lui poser une question, lui demander une précision, lui exposer une difficulté. Il donnait sans compter : ses explications, son temps, son affection. Dans son vieux pull, au milieu de ses papiers, il était chaleureux, sans histoires. Il était heureux de nous aider. Face à lui, nous avions l'impression que l'or de son savoir, de sa bienveillance, de sa connaissance, entrait en nous. Chacun, en face de lui, se sentait devenir roi…

Pourquoi cette porte est-elle jaune ?

Le jaune est la splendeur de l'automne, quand les fruits, arrivés à maturité, sont bien dorés, et que les arbres se préparent à se revêtir de mille nuances d'or, du roux le plus intense au jaune le plus pâle. Le surgissement du printemps émerveille. La plénitude de l'automne, elle, nous submerge de sa splendeur, nous remue par sa plénitude, nous embrase dans son étincellement.

Le jaune, c'est aussi l'or, cette couleur particulière qui brille et resplendit, associée depuis la nuit des temps à la richesse. C'est elle qui a été élue pour parer les dieux des Mayas, les plus anciennes représentations du Bouddha, les icônes chrétiennes symbolisant la présence divine. Cet or-là signifiait aux fidèles la complétude de l'être qui se déploie devant eux, les irradiant de sa lumière.

Si le jaune est ta porte dominante

L'énergie jaune te confère une souveraineté au sens où l'entendait le philosophe Georges Bataille : indépendamment des aléas du monde extérieur, tu as la grâce d'être infiniment libre parce que tu es débarrassé(e) des ensorcellements qui nous interdisent d'accéder à notre nature originellement sacrée. Devenue ton amie, cette énergie te révèle en effet tes propres richesses, une complétude qui ne laisse pas de place au vide, au désespoir, et qui n'est donc pas dans l'attente d'une aide, d'une aumône, d'un don.

« Jaune », tu n'es pas dans la subordination. Quand tu es seul(e), tu te suffis à toi-même, tu ne t'ennuies pas. En présence de l'autre, comme la lumière de l'or et sans que tu aies besoin d'agir, tu prodigues tes bienfaits. Ce don jaillit naturellement, il naît de lui-même, tu n'as pas à le fabriquer. C'est la gratuité de la splendeur.

Pour parvenir au seuil de l'expérience spirituelle, ne crains pas d'être ébloui(e). Reconnais cette force en toi et laisse-la s'épanouir. N'aie pas honte quand tu vis ces moments où tu te sens rempli(e), accompli(e), exaucé(e). Tu as une vraie capacité à apprécier ce qui est et à t'en réjouir : ne te refrène pas, ne t'en excuse pas, conserve ta confiance dans le bonheur de la vie, inséparable de la souveraineté. Vis pleinement ce sentiment de complétude, ces moments où tu t'oublies, où tu oublies tes petits tracas, tes soucis, où tu te sens transporté(e) dans une dimension autre. C'est alors que tu es en réconciliation avec ta nature profonde : comme une pivoine pleine, tu embaumes.

Accepter l'ambivalence du jaune

Tu vas évidemment te heurter à l'ambivalence intrinsèque du réel. Sentir que beaucoup donnent de mauvais cœur, à moitié, avec des arrière-pensées. Et, pire encore pour toi, qu'ils ne veulent pas recevoir ce dont ils auraient pourtant besoin et que tu voudrais leur offrir. Souvent aussi, la richesse t'apparaîtra imparfaite, le jaune pas assez jaune, et cela risque de te décourager et de te ronger.

Apprends à célébrer et nourrir le désir de plénitude qui est tien. Si tu es coupé(e) de toi-même, si tu n'as pas reconnu ta force, tu en seras ébranlé(e), comme l'avait été ma tante dans sa « première vie ». Quel que soit ton confort de vie, tu te sentiras insuffisant(e), misérable, angoissé(e), perdu(e). Ne tombe pas dans ce piège. Touche cet espace profond, simple, ordinaire qui est en chacun de nous : nous sommes, nous expliquent toutes les spiritualités, fondamentalement comblés par le seul fait d'être vivants, fils de Dieu ou de la nature du Bouddha, investis dans notre dignité d'humains. Vis-le !

Les blessures de la porte jaune

Nous vivons dans un monde étrange où l'on nous a inoculé des idées étranges qui blessent l'énergie en nous.

L'une de ces idées est que la richesse n'est pas en nous mais ailleurs, dans l'autre, dans le monde – qu'il s'agisse d'objets matériels, d'amour ou de spiritualité. Nous accomplir impliquerait de sortir de nous-mêmes pour trouver cette richesse et nous en saisir – comme si l'on pouvait s'emparer de la vraie richesse et la posséder. Cette idée implique que nous avons un manque fondamental que notre mission sur terre consiste à combler. Alors, forcément, nous souffrons en permanence du sentiment de ne pas avoir assez : d'affection, de sécurité, de confort, de biens, de reconnaissance... Ce phénomène se résume dans les mantras que nous nous répétons : « Je suis moins doté(e) que les autres », « Je suis moins aimé(e) que les autres », « Je reçois moins que les autres ». De ce fait, nous sommes toujours convaincus que nous n'en avons pas assez. Faute d'avoir la clé de cette porte, de comprendre où réside l'erreur, nous accumulons comme l'Avare de Molière qui n'en a jamais assez. Nous essayons d'attraper la plénitude, de la construire, de la posséder, mais plus nous essayons, moins nous y parvenons parce que nous nous trompons de direction. La richesse extérieure ne te fera jamais toucher cette richesse profonde qui vient de ta souveraineté et de ta splendeur naturelle d'être humain. Tu te bats pour accumuler des biens, de la connaissance, des amis, mais tu ne te sens jamais riche. Tu ne vois pas que la richesse est en toi.

Une deuxième blessure découle de cette idée. Nous passons notre vie dans la frustration qui déborde et prend des formes diverses et variées. Nous avons une part de gâteau, nous en voulons une deuxième – ou alors nous regrettons de ne pas avoir choisi le bon gâteau. Nous voulons des fraises, mais il n'y a que des framboises et nous en oublions d'apprécier nos framboises. Nous passons un moment avec un ami, mais ce n'est pas assez, il n'a pas été assez tendre, assez rassurant, assez amusant, assez à l'écoute. En fait, nous n'apprécions plus rien : partout s'insinue le poison de cette frustration qui transforme le bonheur d'être en papier mâché. C'est comme si nous étions dotés d'un estomac immense mais d'un tout petit gosier : nous avons besoin d'être nourris en permanence, mais notre estomac reste vide et notre appétit est infini. Nous consommons pour consommer, nous en voulons toujours plus, rien ne nous rassasie.

Par ailleurs, nous nous méprenons sur cette énergie, nous ne la comprenons pas. D'où la troisième blessure : nous nous identifions à la richesse. Elle est à nous. Tout le monde devrait le voir. Nous voulons que chacun reconnaisse que nous sommes extraordinaires, puissants. Nous sommes de plus en plus enflés de nous-mêmes. Nous ressemblons un peu au Parrain du film de Coppola qui voudrait que tout le monde se soumette à lui.

En réalité, je ne peux trouver la richesse qu'en acceptant de la servir. En acceptant de ne jamais la posséder mais de l'aimer toujours…

Comment se connecter à la spiritualité de cette porte

Assume cette force en toi. Accepte ton sentiment d'être comblé(e) au lieu d'avoir honte de le ressentir ou de vouloir l'enfermer dans un coffre-fort. Tu as la capacité de te réjouir pleinement de vivre ce que tu vis, cesse de la brider. Tu vas t'essayer à un exercice qui t'est aisé, sous la douche. Sens l'eau qui te baigne complètement, sens-toi debout sous cette douche, comme un empereur ou une impératrice. Il n'y a là rien d'étroit, rien d'égoïste. Sous ta douche, laisse la plénitude irradier.

Tu peux poursuivre l'exercice devant ta tasse de café. Tu as préparé ce café à ton goût, autorise-toi à te réjouir de le déguster. Éprouve comment la terre, les plantes, l'eau, le soleil, le monde entier sont là, présents, devant toi.

Non, il n'est pas stupide de se réjouir seul(e) devant une chose aussi simple de la vie : en laissant le bonheur t'envahir, tu libères et guéris ce qui est blessé en toi. Laisse cette énergie venir, elle est le prodige de l'expérience spirituelle.

L'expérience spirituelle : la joie de donner et de savoir combler

L'obstacle qui se présente à nous tous, quelle que soit notre porte dominante, est que nous n'y croyons pas. Tu ne crois pas que la richesse et la souveraineté de l'énergie jaune sont en toi. On te dit que tu es dans la plénitude ? Tu dresses la liste de tous tes manques, de tout ce que tu ne sais pas faire, de tout ce que tu aimerais avoir mais que tu n'as pas. Ce bavardage intérieur te coupe de toi-même.

Quand il peignait, Matisse s'adressait à celui qui regarderait ses œuvres. Je voudrais, disait-il, que mes tableaux soient comme un bon fauteuil où l'homme, après sa fatigue, puisse se reposer. Tu as juste un petit mouvement à effectuer pour vivre cette expérience de plénitude : tu dois t'y autoriser. C'est alors que tu sens monter en toi une vague de douceur, d'amour, que tu apprivoiseras en l'accueillant au lieu de la chahuter. Laisse-toi baigner d'or.

Qui l'incarne ?

On connaît tous l'histoire de Cendrillon, on s'attarde moins sur celle de sa marraine, la fée. Pourtant, elle est la véritable héroïne de ce conte. Cendrillon nous attendrit, jeune fille maltraitée par tous et privée de tout, servante de ses sœurs, coupée de l'amour et cantonnée à la cuisine quand sa famille se rend au bal donné par le prince : elle ne compte pour rien. Elle est au fond du trou, ce soir-là, quand sa marraine lui apparaît dans toute sa splendeur, irradiant de beauté, prête à exaucer ses souhaits. La marraine de Cendrillon est la personnalité jaune par excellence. Celle qui vient te combler, celle qui te montre que la vie est là et que tu peux t'en réjouir. Elle incarne l'expérience spirituelle que tu vis en franchissant le seuil de la porte jaune, quand tu sens que tu es exaucé(e) par la seule présence en toi d'une force que tu méconnaissais. Pour Cendrillon, la fée transforme des guenilles en robe de princesse, une citrouille en carrosse et des souris en chevaux. C'est exactement ce que peut réaliser cette force qui est en toi. Et, comme la marraine fée, elle ne demande rien en retour : elle est pur don.

Comment cultiver ce don si tu ne le possèdes pas

Tu ne te sens pas important(e), visible, à la hauteur. Tu t'imagines condamné(e) à vivre dans le manque parce que tu n'es pas digne de tout ce que la vie peut t'offrir : l'amour véritable, la plénitude ou ne serait-ce que la joie de se plonger dans un livre de philosophie.

Pourtant, observe-toi. Il t'est arrivé de ressentir en toi une étincelle d'amour plus belle, plus lumineuse que ce que tu pouvais imaginer. Un amour inconditionnel, sans raison, que tu étais prêt(e) à recevoir, à accepter, avant de t'en détourner parce que tu trouvais que c'était trop pour toi. Nous avons tous connu cette étincelle : après une rencontre d'amour, d'amitié, après avoir aidé une personne, voire après un bon repas entre amis, en famille, au retour d'une randonnée, en nageant dans la mer. Sans nous en expliquer la raison, nous nous sommes alors sentis repus, pleins et, pendant quelques instants, nous avons cessé de nous vivre comme des êtres insignifiants, en manque. Nous avons touché au bonheur.

Tu vas prendre le temps de te souvenir de ces moments. De les rattraper quand ils adviennent – bien plus fréquemment que tu ne le penses. Ta conversion spirituelle consiste à te rendre compte qu'en tant qu'être humain, tu as accès à la splendeur. Tu as le droit d'être exaucé(e). Célèbre les moments de plénitude. Nous sommes tous les rois et les reines de notre propre monde...

Exercices pour apprendre à développer le bonheur de la plénitude

Exercice 1

Achète ou cueille un fruit que tu aimes. Prends le temps de te réjouir de l'acheter ou de le cueillir, de le choisir, de le sentir, de penser à ce qu'il t'évoque. Une pomme, une pêche, une fraise, un miracle de la nature : tu ne vas pas le consommer sur-le-champ, mais d'abord te laisser combler par lui. Et à tous les niveaux, y compris spirituellement. En le goûtant ensuite, prends conscience de sa magnificence, de son effet sur tes sens, sur ton cœur. Apprécie-le pleinement et réjouis-toi !

Exercice 2

Je pratique volontiers cet exercice chez moi, en fin de journée. Je m'installe confortablement, j'évoque une personne que j'ai rencontrée durant la journée ou au cours de la semaine écoulée. J'abandonne tout jugement positif ou négatif, tout bavardage, et j'essaye juste de sentir pourquoi cette personne me réjouit. Je laisse voguer mon imagination, je laisse parler mes émotions. Cette personne peut m'évoquer la couleur bleue, le cerisier au pied de mon immeuble, un oiseau, un ours... Je me laisse toucher par la qualité de sa présence. Je réalise que je suis heureux de l'avoir dans ma vie. Et je suis comblé…

Exercice 3

Quand tu as une bonne surprise, quand un événement heureux t'advient, tu penses d'emblée que tu ne mérites pas tant. Et c'est un vrai problème : tu te sens pauvre, tu estimes que tu n'as pas le droit d'être comblé(e). Tu peux avancer mille raisons à cela : tu n'as pas été assez aimé(e) quand tu étais enfant, tu n'es pas suffisamment intelligent(e) ou cultivé(e), d'autres en feraient meilleur usage. C'est une croyance qui passe souvent en passager clandestin, sans même que tu t'en rendes compte. Souviens-toi du nombre de fois où tu ne t'es pas autorisé(e) à profiter pleinement d'un moment d'exception, à te laisser emporter par une musique, à tout lâcher pour te plonger dans un livre, à prendre deux jours de vacances loin des enfants et de la famille. Les « je ne le mérite pas » phagocytent la moindre possibilité que nous avons d'être comblés.

Repère cette croyance en toi : c'est le début du combat que tu vas mener contre elle.

Essaye de sentir par où « tu le mérites » quand même.

Cet exercice peut être douloureux. Persévère : il est un pas important vers ta libération de cette croyance et ta possibilité de chevaucher l'énergie jaune.

Exercice 4

Tu souffres peut-être, sans le savoir, du syndrome de la petite souris qui passe son temps à demander pardon : de faire, d'être, d'exister. Ce collègue s'est assis à côté de toi parce qu'il avait envie d'être avec toi ; pourquoi as-tu aussitôt déduit qu'il s'était assis là parce que c'était la seule place libre ? Pourquoi as-tu refusé de considérer que le « merci » de cette amie venait de tout son cœur, qu'elle te remerciait d'exister, d'avoir été là pour elle ? Prends la peine d'identifier ces petits moments où les autres t'ont, quoi que tu en penses, reconnu(e) pour ce que tu es, pour ta richesse, pour ta valeur. Je sais, cela ne te sera pas facile, mais tu vas t'y entraîner. Ces ressources, ces forces que tu ignores en toi, les autres les voient.

Exercice 5

Ta vie te paraît morne, lourde. Une succession de corvées, de méchancetés, de noirceur. Tu vas prendre de la distance et élargir ton champ de vision : sur terre, il y a de la place aussi bien pour une mauvaise herbe que pour un chêne somptueux. Or, à force de ne regarder que les mauvaises herbes, tu en oublies les chênes. Ne te focalise pas sur un seul élément : ton chef a déposé sur ton bureau un troisième dossier urgent, cette amie a annulé un rendez-vous en dernière minute, ton adolescent fait encore la tête. C'est vrai, mais ce ne sont que de petits points noirs dans un paysage infiniment plus large, infiniment plus riche. Chaque matin, avant de commencer ta journée, accorde-toi quelques minutes, en te brossant les dents ou en préparant ton café, pour relire ta journée de la veille à cette aune. Ne regarde pas les points noirs et intéresse-toi à tout ce qui t'a comblé(e), ne serait-ce que de manière fugace. En t'obligeant à cet exercice, tu vas peu à peu retrouver un sentiment de richesse, de complétude.

Chapitre 14

La porte verte
Le bonheur d'agir

Il est communément admis que l'action n'a rien à voir avec la spiritualité, cette dernière étant d'abord de l'ordre de la contemplation. Laurent de la Résurrection, dont je t'ai raconté l'histoire, s'en était lui aussi persuadé quand, après avoir quitté l'armée, il avait choisi de devenir ermite pour se consacrer à Dieu. Moins de deux ans plus tard, prenant acte que cette voie n'était pas la sienne, il s'installait à Paris et s'empressait de trouver un travail. L'opposition entre action et spiritualité est une grossière erreur dans laquelle nous tombons facilement. Elle est surtout l'un des grands drames de la vie spirituelle dont beaucoup finissent alors par s'écarter.

Les hasards de la vie, son manque d'instruction qui lui interdisait d'être moine à part entière, ont permis à Laurent d'accéder à une révélation fondamentale : la spiritualité, la vraie, n'est pas un élément hors sol mais elle est intégrée au quotidien.

C'est ce que les grands esprits de son temps venaient apprendre à ses côtés, dans les offices du monastère. De fait, en préparant son omelette, il réalisait qu'il s'oubliait, qu'il oubliait ses problèmes, il n'était plus qu'au service de cette omelette qui semblait se faire à travers lui. Il était pris par son action jusqu'à se dissoudre en elle, à n'être plus que le verbe « faire ». Il accédait ainsi à la pure joie et, surtout, il s'autorisait à la vivre et l'autorisait à s'épanouir entièrement, pleinement. C'est alors qu'il s'inclinait pour rendre grâce. *Ora et labora*, prie et travaille, intime d'ailleurs la règle de saint Benoît qui régit la vie des moines. Cette phrase, gravée au fronton des monastères, résume à elle seule l'essence de la spiritualité bénédictine.

De fait, l'énergie de la porte verte se déploie dans l'action. Elle te donne le pouvoir d'accomplir ce que tu veux sans avoir l'impression de te battre pour que cela advienne : l'agir se réalise presque de lui-même, par ton intermédiaire, et ce mouvement, si tu sais le ressentir et le vivre, t'offre en retour un sentiment de bonheur, d'accomplissement. Le problème est que cette expérience est si commune que nous n'arrivons pas à la penser, à lui donner le nom de spiritualité. Nous lui tournons le dos. Pourtant, grâce à cette force, essuyer la vaisselle peut devenir, pour peu que tu y consentes, une expérience spirituelle…

Pourquoi cette porte est-elle verte ?

Le vert est la couleur privilégiée de la végétation, des arbres, de l'herbe quand ils sont travaillés par la sève qui les réveille du sommeil de l'hiver. Il est le symbole de leur renaissance et de leur croissance, il représente la puissance agissante de la nature qui œuvre sans relâche et sans jamais épuiser son énergie naturelle, qui ne se fatigue pas et poursuit inlassable son travail triomphal de création. Comme l'énergie de la porte verte, la nature se ressource dans le fait même d'agir.

Si le vert est ta porte dominante

T'es-tu déjà interrogé(e) sur ce sentiment d'apaisement que tu ressens quand tu écris un rapport et que les mots s'enchaînent naturellement les uns derrière les autres, quand tu fais ton ménage et que la serpillière semble mener la danse, quand tu jardines et que tu ne vois plus le temps passer tandis que ton jardin se pare d'atours tout neufs pour mieux accueillir les saisons ? Pris(e) par ton élan, par une énergie qui te porte, tu n'as pas à te battre contre les éléments : tu fais, tu agis, tu transcendes… et le monde te répond.

Quand ta porte dominante est verte, tu n'aimes pas rester dans l'inaction ou dans la réflexion abstraite : agir est ton désir profond qui ne t'apporte pas seulement de la joie, mais aussi de la clarté et un apaisement certain. C'est ton mode d'accès privilégié à la réalité. En toute situation, tu vois ce qu'il faut « faire » (c'est ton maître mot !) pour répondre à cette situation. Tu en connais beaucoup qui « font » sans joie, qui ont intégré l'idée que l'action est souffrance, par opposition au repos qui serait jouissance. Mais pour toi, l'être humain n'est pas un objet inamovible : il a été créé pour bouger, pour agir, pour faire.

Tu connais d'instinct la clé de l'énergie verte. Celle qui confère à l'action une dimension spirituelle – et différencie l'action de l'humain du mouvement d'une machine. Cette clé tient en un mot : le rythme. Quand tu portes cette énergie, quand tu es réconcilié(e) avec elle et que tu sais la convoquer, la chevaucher, tu as le don de rentrer dans le rythme juste de l'action, un rythme profond qui permet que les choses se fassent comme il faut. Archiloque, un poète grec du VIIe siècle avant notre ère, en avait déjà perçu l'importance : « Avise-toi de savoir quel rythme tient les hommes », conseillait-il.

Ce rythme juste n'écrase pas. Il est le contraire de l'agrippement. Il dépend de chaque moment, de chaque tâche, de chaque personne. Il est le bon tempo, ni trop rapide ni trop lent, s'ajustant de lui-même à l'action, comme un bon danseur s'ajuste à la musique. La puissance presque mystique de l'action découle de cette harmonie entre ce qu'il y a à faire et la manière dont tu le fais pour coïncider, sans effort, avec la situation. Tu reconnais le rythme juste, l'allure adéquate, au fait que tu ne t'épuises pas. Au contraire, plus tu agis, plus tu réveilles une vitalité profonde, une puissance en toi.

La plupart des traditions spirituelles connaissent l'importance du rythme, du mouvement, sources de jubilation et d'accomplissement. C'est l'objectif des danses ouvrant les cérémonies dans les traditions premières. Le désormais célèbre haka des rugbymen néo-zélandais en est un témoin. Cette danse (la signification littérale de *haka* en maori) peut donner aux spectateurs l'impression que l'énergie des joueurs va s'épuiser avant même que commence le match. En réalité, le haka est une méthode ancestrale pour entrer dans le rythme, invoquer l'énergie de puissance et partir gagnant.

C'est la danse qui réveille la ferveur, l'entrain des fidèles dans les églises évangéliques. C'est elle qui crée l'énergie à laquelle s'abandonnent les derviches tourneurs soufis – et même les fidèles qui se balancent au rythme des mots quand ils invoquent Dieu. Le sport lui-même, aujourd'hui action profane, a pendant des millénaires été sacré du fait de l'énergie qu'il réveille et qui galvanise – chez les Grecs, pour ne citer que cet exemple, les Jeux olympiques avaient les temples pour cadre principal.

Tu disposes de deux méthodes pour monter ta commode Ikea. La première consiste à entrer dans l'action en traînant des pieds et à la poursuivre en regrettant de ne pas avoir acheté une commode déjà montée. Il est tout à fait possible que l'ambivalence de la réalité t'amène à adopter cette attitude. Nous vivons en effet dans un monde où tout va trop vite, où tu vas déballer tes cartons en pensant aux autres tâches qui t'attendent, les courses, les réservations pour les vacances, la réparation du robinet qui fuit, le dîner à préparer. Et avec l'idée que ton devoir est de finir le plus vite possible cette tâche pour t'atteler à toutes les autres. Tu vas monter ta commode, certes, mais tu ne vas pas t'autoriser à vivre la jubilation de l'action. Ce ne sera qu'une corvée de plus qui ne se transformera jamais en expérience spirituelle parce que tu auras confondu le rythme juste avec la réalisation du travail, donc avec le seul but à atteindre, et celle-ci se mesure, se minute, se met en fiches.

Et si tu adoptais la deuxième méthode et que tu rentrais dans la danse ? Si, au lieu de te préoccuper du résultat de l'action (que la commode soit montée), tu t'intéressais à son déploiement (qui aboutira au même résultat, mais par une voie plus joyeuse) ? Quand tu portes l'énergie verte en toi, ce glissement est infime. Il n'est pas compliqué pour toi. Grâce à lui, toute action devient une expérience vivante : tu es en symbiose avec la vie jaillissante.

Accepter l'ambivalence du vert

Malheureusement, parfois tu voudrais mettre les choses en ordre, agir avec perspicacité, et tu te heurtes à des défis.

Parfois c'est parce que tu travailles avec des gens qui manifestent beaucoup de mauvaise volonté. Qui ne savent pas s'y prendre et ne veulent pas se remettre en question. Parfois, simplement, la tâche est immense et cela te décourage. Comment tout mettre en ordre ? Comment faire tout ce qu'il faudrait ? Et tu ne vois plus que cela.

Ici aussi, il te faut apprendre à accepter que ton désir ardent d'action se confronte à des obstacles. Que ta déception vient de la profondeur de ton désir.

Les blessures de la porte verte

Agir dissipe l'angoisse et les maux qu'elle entraîne, cela tout le monde le sait d'instinct. Les Chinois en ont fait le pilier de leur médecine dont l'objectif est de rétablir la circulation énergétique pour guérir le manque de vitalité, source de maladies physiques et psychiques. Tu ne trouveras pas la force en l'attendant enfoncé(e) dans ton canapé, en l'espérant tel un paquet-cadeau qui surgirait miraculeusement, mais tu la créeras en entrant dans l'action. Agir, on l'a vu, ne consomme pas l'énergie mais la produit, la pousse à circuler, à se déployer.

Trois erreurs nous empêchent d'entrer dans ce mouvement :

– Le « speed » : c'est la confusion, de plus en plus courante, entre la vitesse et la justesse. Nous n'avons l'impression d'agir qu'à la condition de courir – de plus en plus vite. Or, le fait d'être comme un cheval fougueux ne signifie pas entrer dans la plénitude de l'action. Obsédé(e) par la puissance que l'action te donne, tu en oublies la vision, tu perds l'ampleur et la joie, tu deviens machine et ton action ne te nourrit pas. Ne danse pas pour perdre des calories, danse pour le bonheur de danser...

– L'obsession de l'action : tu as l'impression de n'exister que dans la mesure où les choses sont « faites ». Face à un problème, quel qu'il soit, tu agis avant même de prendre le temps d'examiner le contexte, la situation. L'action devient la valeur suprême. L'unique valeur. Au fond, il n'est plus autant question d'action que d'agitation. L'attention, le souci de l'autre, la tendresse n'existent plus, et toi-même, tu ne leur laisses pas l'opportunité de se « faire » par ton intermédiaire afin que la joie puisse éclore en toi. Tu es machine...

– La paranoïa et la jalousie : c'est une autre manière de chercher à posséder l'action au lieu d'être dans le rythme juste. La paranoïa est l'obsession du contrôle. Tu « fais », cependant, tout en « faisant », tu ne te demandes pas si tu as plaisir à « faire », mais si un ou une autre n'ont pas

« fait » mieux que toi. Tu te compares en espérant ainsi être rassuré(e). Tu imagines, parfois à tort, que les autres te cachent des choses, ou encore qu'ils veulent prendre ta place. L'action devient étouffement. Tu ne penses plus au rythme, à la danse, au bonheur, au tempo, mais exclusivement à la puissance qui en devient écrasante.

Comment se connecter à la spiritualité de cette porte

Quand l'énergie verte est en toi, agir est ta voie d'accès privilégiée vers la jubilation. Dépouille-toi de l'idée que tu peux tout contrôler, tout agripper. Rejoins l'ambition spirituelle du véritable agir.

Il existe différents moyens d'entrer dans l'action. Parfois, il te faudra d'abord pacifier la situation – je vais ranger la chambre avant de la nettoyer, pour prendre un vrai plaisir à la nettoyer. À d'autres moments, commencer par la nourrir comme une plante que l'on arrose – je ne vais pas me lancer dans un grand ménage avec un balai cassé et sans torchons, mais m'assurer d'abord que je dispose du matériel adéquat. Et puis, à d'autres moments, il faut parfois détruire, comme le jardinier qui élague un arbre pour lui permettre de renaître, de se déployer. Ne te laisse pas intimider par la puissance de pouvoir agir. Tu es paralysé(e) face à ce dossier que tu dois reprendre, tu ne t'autorises pas à l'embrasser parce qu'avant de créer, il va te falloir défaire, détruire, casser. Tu crains la férocité de cette première action. Tu vas surmonter cette crainte, tu en es capable, et tu vas autoriser le souffle de la puissance d'agir à... agir. Assume-le de manière spirituelle, c'est-à-dire en étant au service de ce que tu veux faire. Tu es libéré(e) de la pesanteur de l'impuissance, du sentiment de tourner en rond. Tu as de l'ampleur.

L'expérience spirituelle : la joie de faire et de rendre possible

Tu as ton tournevis (ou ta spatule, ou ton stylo) en main. Tu es plongé(e) dans ta tâche et tu as le sentiment qu'il n'y a plus d'obstacles entre la tâche et toi : une puissance t'habite et rend tout possible. Ton cerveau quitte le mode de fonctionnement habituel en « top-down » et, en un éclair, il se met en mode « bottom-down » – celui des enfants qui perçoivent ainsi la réalité directement, sans passer par les filtres de la raison ou de la cognition.

Mais voilà que ces filtres te rappellent à l'ordre : tu prétends être dans la jubilation de créer, tu as l'impression de revivre la création du monde, d'épouser le monde, alors que tu n'as qu'un tournevis (ou une spatule, ou un stylo) en main ? Ridicule ! L'erreur est d'obéir ici à ce que te dit la raison. Chasse-la ! Consens à l'énergie spirituelle qui passe à travers toi grâce à ce tournevis ! À cet instant précis, tu es en symbiose avec le monde. Tu sais quel geste tu as à accomplir, et cette vis, cette fenêtre que tu répares, te répondent. Tu te sens vivant(e), emporté(e) par un vent puissant, par un allant extatique. C'est aussi le bonheur de courir, de jouer au football, de nager, de sentir la vie qui te traverse comme un rythme pur. Il te suffit de consentir à ce que tu vis pour connaître l'expérience spirituelle.

Qui l'incarne ?

Mary Poppins, l'héroïne du film homonyme, sorti en 1964 des studios Walt Disney et qui a ravi des générations d'enfants, est l'énergie du vert par excellence. Voilà une femme qui agit dans la joie… et fait agir dans la joie. Embauchée par les Banks pour s'occuper de leurs deux enfants, sa première initiative est de leur transmettre son énergie afin qu'ils rangent leur chambre. Et voilà que cette corvée se transforme en jeu, en fête, devient un lieu d'apprentissage : en réalité, Mary Poppins enseigne à Jane et Michael à grandir et à devenir autonomes tout en gardant leur âme d'enfant, qui est la source de la joie de l'action. Certes, Mary utilise un peu de magie. Mais n'y a-t-il pas quelque chose de magique quand, entrés dans une action, nous voyons qu'elle se réalise presque toute seule, que le monde agit avec nous, en cohérence, en sympathie ? La magie est le ciel de l'action.

Comment cultiver ce don si tu ne le possèdes pas

L'immobilité stagnante est l'un des maux de notre époque. Engendrée par l'angoisse, le stress, elle se traduit par un sentiment d'impuissance. Ce sont les « je ne sais pas faire », « je n'ai pas appris », « on ne m'a pas transmis », « je ne suis pas capable » qui nous paralysent d'emblée. À cause d'eux, nous avons fini par associer l'action à l'expertise : on nous enseigne à « apprendre » (à danser, à cuisiner, à écrire, à jardiner, à bricoler…) avant d'être autorisés à « faire ».

Pourtant, l'énergie verte n'est pas difficile à convoquer. Elle nous demande de consentir à entrer dans l'action pour l'action. À redevenir un enfant qui joue avec ses voiturettes, son ballon ou ses poupées. Ce qui exclut d'être comme une tornade, ou de s'engager en maugréant (et en regardant l'heure). Choisis une tâche qui t'est routinière : ranger, cuisiner, jardiner sont de très bons espaces pour explorer cette énergie. Sois attentif(ve) à toi-même. Questionne ton mode de fonctionnement, casse ta routine, entre dans l'étonnement que tu as perdu et qui amène à la jubilation. Demande-toi comment être naturellement plus efficace. Laisse tes gestes te guider, laisse-toi prendre par le rythme, entre dans l'action et observe tes premiers résultats. Ta curiosité pour cette action va amener l'action à te répondre sans t'écraser. Plus tu avances dans ta tâche, plus tu auras de l'énergie pour continuer d'avancer. Ne te laisse pas intimider : au besoin, questionne les autres, questionne la chose elle-même. Tu as le pouvoir de t'unir à elle.

Exercices pour apprendre à développer le bonheur d'agir

Exercice 1

Tu as certainement un lien avec l'énergie de la porte verte : elle ne t'est pas étrangère, même si tu ne la reconnais pas, même si elle te semble très éloignée de toi. Prends le temps d'identifier les moments où tu l'as vécue. Ceux où tu as eu du plaisir à agir parce que tu étais en lien avec l'action que tu entreprenais. Attarde-toi sur l'un de ces moments, peut-être aussi banal qu'une séance de repassage. Que ressentais-tu ? Tu as estimé à ce moment que tu ne faisais que ton devoir. Ou que tu t'attelais à une corvée. Tu as balayé la joie et tu n'as pas vu que cette joie-là est une expérience spirituelle. La prochaine fois que tu repasseras, cultive cette joie puis retiens-la.

Exercice 2

La porte verte s'ouvre quand tu comprends la logique de ce que tu entreprends. Elle restera fermée tant que tu n'en as pas la clé. À l'école, les équations (ou la grammaire ou la natation) sont restées une torture pour toi jusqu'à ce qu'un bon enseignant t'en apprenne le principe ; ces « corvées » se sont alors transformées en jeu. Il en va de même pour toutes les actions que tu entreprends. Tu n'auras aucun plaisir à nager si tu te contentes d'apprendre la technique dans les livres, et je ne te conseille pas de te lancer dans la réalisation d'un soufflé si tu n'en possèdes pas la clé. À quoi te heurtes-tu actuellement ? Au lieu de tourner en rond, cherche autour de toi la solution de ce problème, demande la clé. Ensuite, entre dans la magie…

Exercice 3

Pourquoi restreins-tu le champ de ta vie ? Le principal obstacle au déploiement de cette énergie, c'est lorsque tu te dis : « Ce n'est pas pour moi. » Tu assènes comme une vérité que tu n'as pas la bosse des mathématiques, que tu ne sais pas cuisiner, que tu n'es pas organisé(e). C'est faux ! Tu as la capacité d'entrer dans n'importe quelle tâche – même si tu ne deviens pas champion ou championne. Prends le temps de noter toutes ces fausses vérités que tu traînes depuis des années. Tout ce qui n'est « pas pour toi ». Tu te saisiras ensuite de l'une d'elles. Par exemple, demain, tu prépares un plat pour le dîner…

Exercice 4

Sors de ta procrastination ! Tu vas te lever, agir. Tu vas arrêter de penser, de te « motiver » et tu vas simplement compter : 1, 2 et 3. À 3, entre dans l'action ! C'est trop simple ? Mais cette stratégie marche : elle court-circuite le bavardage mental qui est paralysant. Tu peux aussi utiliser le mot magique de Mary Poppins, « Supercalifragilisticexpidélilicieux », qui aurait le pouvoir de te sortir des situations difficiles. Je le trouve un peu compliqué, non ?

Exercice 5

Tu sens que tu vas commencer à procrastiner et tu ne parviens pas à te motiver ? Convoque le souffle qui est l'énergie, la vie ! Accorde-toi quelques minutes et, assis(e) là où tu es, respire profondément. Ne te concentre pas, mais amuse-toi avec ta respiration. Sens son énergie, celle de l'inspire, celle de l'expire. Celle de ton souffle qui part, qui revient, qui t'anime et maintient tous tes organes, toutes tes fonctions en vie. Il est la vitalité, l'énergie en toi. Exagère l'inspire, l'expire, sens ce dynamisme qui t'habite, qui est déjà en toi, que tu n'as donc pas besoin de fabriquer. Joue ainsi avant de reprendre ta tâche. Et continue de jouer, avec elle cette fois…

Troisième partie

12 RITUELS
pour apprivoiser les 5 portes
et apprendre à (re)vivre

Chapitre 15
Qu'est-ce qu'un rituel ?

Un rituel est un ordonnancement précis de paroles et de gestes qui ont un effet sur la réalité. Son propre est d'être aux antipodes de la dimension intellectuelle ou théorique : il est agissant sans que nous ayons besoin de fournir un effort de compréhension. Il n'y a qu'à agir. Quand je suis invité à déjeuner chez mes parents, ils ouvrent la porte, ils me disent bonjour, ma mère qui me sait gourmand m'annonce le dessert avant même que je ne sois entré et nous en rions, le repas se décompose en une entrée, un plat et ce dessert que j'attends. Ce sont des éléments structurés à travers lesquels une transmission se poursuit. Nous ne questionnons pas ce cadre et il a des effets : grâce à lui, à chaque visite, le lien qui nous unit peut se redéployer à neuf.

La vie est tissée de rituels. Pourtant, l'Occident a développé une réticence à leur égard, ne voyant plus en eux qu'une répétition de gestes inutiles, un cérémonial formel, dépassé, mort. Ce retournement est intervenu quand le rituel a été coupé de sa dimension sacrée. Dès lors, il a cessé d'être une poétique du monde et sa puissance s'est retournée contre nous : il a été l'apanage des totalitarismes qui l'ont utilisé pour manipuler les foules en leur faisant vivre des expériences très fortes, mais maléfiques – la plupart des leaders populistes et extrémistes en connaissent, aujourd'hui encore, très bien le mode d'emploi.

Il est temps de réhabiliter les rituels. Ils sont constitutifs de notre existence – les Chinois le savent, eux qui utilisent le même mot pour désigner les rites et l'humanité, considérant que les rituels forgent l'humain en nous. Nous pouvons leur redonner une place dans nos vies. Non pas dans une répétition nostalgique du passé, mais en utilisant notre esprit critique hérité des Lumières, en nous autorisant, voire en nous obligeant à les interroger, à nous demander si tel rituel nous fait du bien ou non. Je prends plaisir à déjeuner chez mes parents. Si tel n'était pas le cas, si ce rituel ne m'était pas bienveillant, bienfaisant, je ne l'aurais pas perpétué.

La racine grecque du mot « rituel », *artus*, est identique à celle des mots « art » et « articuler ». Les rituels, comme l'art, sont une articulation de différents éléments, leur mise en ordre qui aboutit à une nouvelle manière d'être au monde. Ils influent sur notre propre manière d'être à ce monde. Une manière juste, harmonieuse, qui nous remet au diapason de la réalité dans laquelle nous sommes immergés.

Pourquoi l'art aussi bien que les rituels sont-ils agissants sur notre être ? Cela reste une énigme. Les explications existantes ne sont pas convaincantes. Pourquoi tel tableau, qui n'est pas forcément le plus beau, me met-il en état de sidération ? D'où tire-t-il le pouvoir de m'hypnotiser ? Pourquoi ce morceau de musique m'émeut-il ou me calme-t-il ? Pourquoi un rituel, prosaïquement constitué de gestes et de paroles et porteur d'une intention, est-il effectivement agissant, me procure-t-il de la joie, me donne-t-il de l'allant, de la force, du courage ? Il « marche » sans doute parce que nous sommes des êtres incarnés, des êtres de parole, et que tous les changements dans notre vie s'effectuent par l'intermédiaire de cette grammaire qui inclut la parole, le geste et l'intention. À travers le rituel, nos intentions cessent d'être des pensées, un ressenti plus ou moins incertain. Elles sont formalisées, elles deviennent objectives et c'est cette objectivité qui est agissante.

L'exemple le plus banal, et sans doute le plus frappant, est celui du rituel que chaque parent adopte pour mettre son enfant au lit. L'intention est que cet enfant s'endorme. Pour cela, des actions sont réalisées dans un ordre défini : tirer les rideaux, raconter une histoire, faire un câlin, poser le doudou à droite ou à gauche, un dernier bisou, une parole « magique » avant que la lumière s'éteigne. Et ça marche ! Notre souhait a été incarné par cet ordonnancement de gestes, même si certains nous sont incompréhensibles – pourquoi le doudou doit-il être forcément à gauche ou à droite ? Mis ensemble, ils ouvrent l'espace de transformation. Et sont donc agissants. Par contre, on sait que s'il y a du désordre dans ces gestes et ces paroles, l'enfant ne trouvera pas le sommeil de la même manière…

L'expérience spirituelle est ultime : tu ne la vis pas tous les jours, elle ne se produit pas à volonté, tu peux t'y préparer mais elle advient comme un don. Le rituel, lui, peut être réalisé à tout moment, ou presque. Il est par ailleurs concret et relatif. Concret puisqu'il repose sur cette grammaire dont nous connaissons les bases. Relatif dans le sens où il nous met en relation avec une intention et nous aide à la réaliser. Il est en quelque sorte le véhicule qui me permet d'aller d'un point A à un point B : faire dormir mon enfant, apaiser une relation, sortir d'une difficulté en convoquant une énergie et en la transformant en action.

Il est, en ce sens, une aide pour vivre la spiritualité au quotidien. Je le considère même comme l'une des manières les plus profondes de vivre une expérience spirituelle agissante, s'incarnant dans ma vie.

Les rituels que je vais te proposer ont cette vertu. Ils sont en outre, comme tous les rituels, apaisants : ils ne se pensent pas en termes d'échec ou de réussite, il suffit d'en suivre les étapes pas à pas pour entrer en contact avec le réel. Avec eux, ton monde est à nouveau habité.

*

Chaque rituel permet d'invoquer et de déployer la puissance et le génie propres de l'une des cinq portes. Si l'énergie de cette porte est dominante en toi, je te conseille de l'accomplir régulièrement pour apprivoiser ton pouvoir. Tu accompliras aussi ce rituel quand tu rencontreras la difficulté particulière à laquelle répond ce rituel et pour laquelle tu as besoin de mobiliser l'intelligence de cette porte. Même si tu es très doué(e) pour l'action, tu peux avoir besoin, à un moment donné, de développer tes capacités relationnelles en t'appuyant sur le pouvoir de la porte rouge !

Rituel n° 1
Je m'ouvre à l'énergie
(porte rouge)

Une vie sans histoires n'existe pas. Tu en veux à ton père de n'avoir pas su t'aimer, à ton collègue de t'avoir une fois de plus blessé(e) en réunion ce matin, à ton adolescent de n'avoir aucune considération pour toi. Tu ressasses l'événement, tu te souviens d'une parole, d'une situation qui ont été particulièrement douloureuses. Tu tournes en rond et cela t'épuise, sans donner de résultats. Tu te sens vidé(e).

Nous allons mettre ce scénario, les « je pense que » et les « elle n'aurait pas dû », entre parenthèses, pour entrer dans une dimension plus profonde qui se situe juste en dessous de cette couche narrative et qui est une voie d'accès privilégiée à l'univers des énergies. Cet univers, autant le savoir tout de suite, est déconcertant : il n'entre pas dans l'ordre du scénario logique, rationnel, intellectuel, mais il appartient au champ spirituel. Il est vivant, et c'est pourquoi on peut agir à partir de lui pour transformer notre vie en ayant un pouvoir réel sur le monde.

Nous procéderons exactement comme si tu regardais un film en coupant le son : tu ne saisiras plus les détails de ce qui se joue ; par contre, en regardant les images, tu ressentiras les sensations, les émotions qui s'expriment. Tu comprendras, sans qu'il soit besoin de logique ou de paroles, qu'untel est blessé ou se sent seul et que tel autre est joyeux. Les enfants sont familiers de cet exercice : ils ne se laissent pas leurrer par les discours mais « savent » d'emblée, instinctivement, quand on leur ment, quand on est triste, quand on est heureux...

Toi-même, quand tu entreras en rapport avec l'énergie de ton père, de ton collègue ou de ton adolescent, tu auras accès à des informations dissimulées derrière les paroles que vous avez échangées et celles qui t'ont été rapportées. Tu seras dans le même état d'esprit que ce matin, face à cette fleur que tu as humée : tu ne t'es pas interrogé(e) sur sa composition chimique, sur l'origine de son parfum, tu as juste ressenti sa beauté, tu as peut-être laissé monter en toi un souvenir, une émotion. Tu as touché son énergie, tu as été en contact direct avec elle. C'est à cette condition que tu pourras comprendre vraiment ce qu'il se passe, la réalité du conflit qui te mine, l'origine de la distension des liens avec cette personne qui t'est chère. Tu sauras réagir avec justesse à la situation.

Ce rituel est une clé pour te réaliser en comprenant un monde qui te semble aujourd'hui souvent indéchiffrable...

*

À TOI DE JOUER

Ta relation avec une personne de ton entourage s'est détériorée et tu en souffres. Ce rituel te permettra d'entrer directement en relation avec son énergie pour aller au-delà du scénario que tu connais et comprendre enfin la réalité de la situation.

• Pour ce travail qui s'effectue à un niveau profond, il est important que tu te sentes en sécurité. Prends place dans un lieu où tu es en confiance, protégé(e) : dans ta chambre, au bord de la mer, sous un arbre…

• Pose devant toi un objet qui représente cette personne : un outil, un stylo, une écharpe… Il n'est pas nécessaire que cet objet lui appartienne. Évite de choisir une photo : elle pourrait te bloquer sur la superficialité de votre relation.

• Mets de côté le scénario, l'histoire, tout ce que tu as établi comme des vérités indiscutables, figées, même si elles ne sont pas forcément fausses (« il ou elle ne m'aime plus », « lui parler est du temps perdu »…). Pour t'aider, note ces « vérités » sur un papier que tu plies et glisses dans une enveloppe. Le temps du rituel, ton problème sera dans cette enveloppe que tu auras pris soin de fermer. Tu pourras y revenir par la suite.

• Accorde-toi le temps nécessaire pour ressentir l'énergie qui se dégage de cette personne. Commence par l'associer à une couleur. Est-elle rouge foncé ? Sombre ? Claire ? Noire ? Blanche ? Ne cherche pas à commenter, laisse-toi surprendre par ce qui vient.

• Associe-la ensuite à une texture. Te fait-elle penser à du coton ? À du verre ? À de la suie collante ?

• Interroge cette couleur, cette texture, pour savoir de quoi elles ont envie, de quoi elles ont besoin : « Suie sombre, de quoi as-tu besoin pour être en paix ? » « Coton rose, quel est ton besoin véritable ? » Écoute leur réponse.

• Reprends le même exercice en associant cette fois la personne à un animal. Demande-lui : « Chat (ou sanglier, ou cochon, ou abeille…), de quoi as-tu besoin pour être en paix ? »

• Tu ressentiras le besoin d'amour de l'un, le besoin d'action ou de reconnaissance de l'autre. Chaque être humain a un désir profond qui se retrouve dans l'énergie des cinq portes : le désir rouge de communion, le désir bleu de clarté et de justice, le désir blanc d'être accepté comme on est, le désir jaune d'être pleinement comblé, le désir vert d'être dans une créativité où les choses sont en ordre, à leur place. Lequel de ces besoins est caché derrière la couleur, la texture, l'animal auxquels tu as associé la personne ?

• Laisse-toi entrer dans cette résonance. Ta vue est plus claire, l'information que tu as reçue te travaille. Tu ne t'en doutes peut-être pas encore, mais la guérison est en train de s'accomplir.

• Clos le rituel en remerciant ce savoir en toi qui t'a permis de recevoir ces informations profondes : « Merci pour ce savoir en moi qui m'a donné accès à ces informations. »

Fais confiance à la puissance de ce rituel qui commence déjà à transformer ton rapport au monde.

Rituel n° 2

Le rituel de l'appréciation

(porte blanche)

L'un de mes amis, appelons-le Pierre (il se reconnaîtra dans cet épisode), m'avait accompagné à un concert exceptionnel : la *Cinquième Symphonie* de Beethoven jouée par Daniel Barenboim. J'avais sans doute eu le tort d'insister sur la qualité impressionnante de ce que nous allions écouter et sur l'expérience unique que nous allions vivre. Pierre était enthousiaste. Mais il craignait tellement de passer à côté de cette expérience qu'il s'est crispé, tendu. Résultat : il n'a pas réussi à vivre entièrement ce moment. Tout à sa volonté de bien faire pour ne rien manquer, il n'a pas su l'apprécier.

Apprécier, c'est pouvoir se réjouir de ce que l'on est en train de vivre, sans se poser davantage de questions. Ce n'est pas le seul fait de se réjouir, ni d'être présent(e) ni concentré(e), mais d'avoir la capacité de rentrer dans la magie, dans le rythme, dans l'énergie propres à la situation.

Apprécier est un mouvement qui part de soi et revient vers soi quand on laisse la chose, la situation agir en soi. Quand on accepte d'être touché(e), remué(e), réveillé(e) à partir de sa propre histoire, à partir de sa propre vie. Quand j'apprécie quelqu'un, je ne le regarde pas avec les critères de la science, de la psychologie ou de la sociologie, mais seulement avec mon cœur.

Savoir apprécier ne consiste pas à passer un examen. Il n'y a pas de réussite à la clé, il n'y a pas de bonne réponse à fournir, il n'y a que ta subjectivité qui agit, qui réagit. Pour apprécier, ne te laisse pas intimider, effrayer. Contente-toi d'être.

Le rituel que je te propose est une initiation à l'art d'apprécier. Il a le pouvoir de te ressourcer en te reliant à ton énergie. Pratique-le quand tu t'inquiètes d'une nouvelle situation, quand tu te sens tenu(e) à distance, isolé(e). Il te libérera de la peur, de l'intimidation, du contrôle qui nous empêchent d'apprécier les choses à partir de ce que l'on est. Il t'apprendra peu à peu à mieux apprécier ta vie et le monde.

*

À TOI DE JOUER

Tu ressens de la fatigue, des angoisses, de la nervosité, tu es étouffé(e) par les ressassements. La joie t'a abandonné(e), tu n'es plus en lien avec la réalité. Tu vas rétablir ce lien en partant du plus simple : le temps qu'il fait aujourd'hui.

• Pour accomplir ce rituel, prends place dans un lieu à partir duquel tu peux voir un bout de ciel, les nuages, le soleil : devant ta fenêtre si tu as une vue dégagée, dans ton jardin si tu as la chance d'en avoir un, sinon sur un banc public. Munis-toi d'un papier (ou d'un carnet) et de quoi écrire.

• Pour entrer dans le rituel, c'est-à-dire créer un cadre et rompre avec le monde ordinaire, ferme les yeux et compte lentement jusqu'à 10.

• Ouvre doucement les yeux. Tu es prêt(e) à entrer en rapport avec tout ce qui constitue ce moment précis de la journée, à te relier à sa singularité.

• Décris ce moment, ce que tu perçois de la réalité objective autour de toi. Tu vois des immeubles (ou des vaches), des nuages, un rayon de soleil, il fait humide ou chaud, quelqu'un passe devant toi et, à cette heure de la journée, son ombre s'allonge…

• Interroge-toi sur l'émotion que t'évoque ce moment : de la joie, du chagrin, de la nostalgie, de la solitude… Donne à cette émotion le temps de surgir et de s'installer.

• Note sur ton papier ou sur ton cahier cinq mots qui te viennent spontanément à l'esprit pour caractériser ce que tu ressens. Ne réfléchis pas, ne juge pas, ne contrôle pas, laisse-toi aller dans tous les sens : il s'agira d'un objet, d'un légume, d'une personne, d'une émotion, peu importe. Ces mots, ou certains d'entre eux, peuvent te surprendre. Ils sont le témoin de ton rapport direct avec le réel.

• Plie la feuille (ou ferme le cahier). Clos tes yeux et compte à rebours, de 10 à 1, pour sortir du cadre du rituel.

• Laisse passer quelques instants et reprends ton papier. Tu vas être étonné(e). Essaye de comprendre pourquoi ce mot-là t'est venu à l'esprit. Est-ce la douceur de ce matin blanc qui t'a fait penser à une pomme ? Ou bien le souvenir d'un repas pris sous un soleil identique qui t'a fait écrire le mot « table » ?

• Tu reliras ces mots le soir, avant de te coucher. Que te disent-ils de toi ? Laisse-toi à nouveau surprendre. Avant de dormir, déchire la feuille. Tu pourras ainsi reprendre ce rituel à neuf la prochaine fois, quand tu en auras besoin.

Ce rituel t'a autorisé un décalage, il t'a fait sortir de ta conscience ordinaire pour entrer dans une dimension magique. Ces mots sont le témoin de cette dimension que tu as pu toucher.

Rituel n° 3

Je dépose le fardeau émotionnel

(porte bleue)

Le fardeau émotionnel est ce qui te plombe, t'alourdit. Sous son poids, tu as le sentiment de vivre à côté de toi-même, de ne plus être toi. Tu t'en veux de tes maladresses, de tes absences, de ta tristesse diffuse. Au fond, tu as du mal à identifier, à nommer cette « chose » qui te hante, te coupe de ton énergie, de ta vitalité. Objectivement, ce fardeau n'a aucune raison d'être. Tu lui attribues mille raisons, mais tu sens qu'aucune n'est la vraie raison. Il est bien plus profond que ces raisons objectives. Dans ta vie, il est devenu une sorte d'étau, de plus en plus présent, qui t'enserre et te paralyse. Tu n'as plus ta latitude de manœuvre, tu ne peux plus te déployer, t'accomplir, aller de l'avant, te réaliser.

Le signe de la présence de ce fardeau est la confusion dans laquelle il te plonge. Tu ne comprends pas, tu ne sais pas, tu ne vois pas.

Il vampirise ton énergie spirituelle, tu as l'impression qu'elle a été volée. En réalité, elle est toujours là, mais elle ne circule plus. Ce rituel n'analyse pas les raisons d'être de ce fardeau : il t'en libère.

*

À TOI DE JOUER

Par ce rituel, tu vas littéralement dénouer ce qui empêche l'énergie de circuler en toi.

• Munis-toi d'un morceau de tissu suffisamment grand et souple – un torchon de cuisine, un mouchoir…

• Enroule-le sur lui-même de manière à confectionner une sorte de ruban. Assieds-toi et saisis dans chaque main une extrémité de ce ruban. Tu ressens une douleur : de l'inquiétude, de l'angoisse, de la colère… Nomme ce fardeau.

• Si tu le peux, lève-toi. Noue le ruban en pensant à cette douleur qui t'entrave, à ce problème que tu vas transférer dans le nœud.

• En regardant le nœud, dis à voix haute : « Ce nœud est maintenant mon problème. »

• Respire profondément trois fois de suite en regardant le nœud bien en face. En le regardant, tu sens la douleur que tu as transférée en lui. Ne te laisse pas terroriser par elle, ni par lui.

• Continue à le regarder. Quelle est la couleur de ton fardeau, qui est désormais dans ce nœud ? Est-il d'un bleu noir intense et tranchant ? Verdâtre et glauque ? Rouge brûlant te renvoyant à ta solitude ? D'un blanc vide et creux ? Jaune sale ? De laquelle de ces cinq couleurs est-il le plus proche ?

• Prends le temps de sentir ce que tu sens avec la plus grande tendresse. Sois à l'égard de toi-même ce que tu serais pour un ami qui ressent cette émotion. Accepte tes larmes, ton chagrin, ta colère.

• Tu vas commencer à dénouer le problème. Souffle trois fois sur le nœud sans cesser de le regarder. Prends conscience de la puissance de ton souffle qui dissout la lourdeur de cette couleur et l'apaise.

• À voix haute, adresse-toi au nœud : « « Douleur, fardeau, il est temps de partir. Je t'ai reconnu, j'ai reconnu que tu existes, maintenant je te demande de me laisser vivre ma vie. »

• Tu peux maintenant défaire le nœud.

• Mets tout de suite ton torchon à la lessive – idéalement lave-le toi-même. Ne le touche plus avant qu'il ait été purifié par l'eau.

Rituel n° 4

Le cercle sacré

(porte jaune)

Tu es envahi(e) : par tes collègues, par tes amis, par tes enfants, par ta famille. Tu ne sais pas dire non… alors tu dis oui, et tu nourris du ressentiment envers toutes ces personnes qui t'en demandent trop. Ou bien tu fuis : tu ne réponds plus au téléphone, tu te caches en rêvant de tout laisser tomber et de disparaître pour de bon. Tu te sens dévoré(e). Tu es effectivement dévoré(e), épuisé(e). Ton problème est que tu n'arrives pas à dire un vrai oui qui vienne du cœur, ni un vrai non qui ne soit pas enrobé d'excuses.

Le cercle va poser des frontières, un cadre, il va délimiter l'espace sacré au sein duquel tu peux te poser, rassembler tes forces, te déployer, ne laisser entrer que ce qui doit entrer – le mot « sacré » vient du latin *sancire*, ce qui sépare. « Sancire » appartient à la vie de tous les jours : après tout, lorsque tu fermes la porte de ton bureau pour ne pas être dérangé(e), n'est-ce pas un tel espace que tu crées ?

Savoir dire oui, savoir dire non, c'est aussi savoir dire que ce n'est pas le bon moment et qu'il faut revenir plus tard. Ces limites n'ont rien d'agressif, elles sont naturelles. Elles sont le moyen de dire : je reconnais ce qui m'appartient, ce qui est de ma responsabilité, et je me libère de ce qui n'est pas à moi – en tout cas dans l'immédiat.

*

À TOI DE JOUER

Tu vas créer un cercle dans lequel tu es en sécurité, où tu peux rassembler ce que tu es, pour trouver la force de dire oui ou non là où tu n'arrives plus à discerner le oui du non.

• Installe-toi chez toi, dans une pièce où tu peux être seul(e) et tranquille.

• Choisis 8 petits objets que tu aimes bien : stylos, cailloux, livre… Dispose-les autour de toi de manière à former un cercle d'à peu près un mètre de diamètre.

• Pense à l'animal qui symbolise pour toi la protection et qui va effectivement te protéger : un ours, un chien ou même un lapin si tu le souhaites. Il est ton allié. Écris son nom sur un papier que tu poses à l'extérieur du cercle (tu peux aussi déposer une photo de cet animal) : il délimite la porte.

• Assieds-toi au centre du cercle. Avec ta main droite, touche le sol en disant : « Maintenant je m'assois au centre de ma vie, je prends ma place. » Prends ta place, sens ta force.

• À voix haute, répète trois fois « oui ». Dans un deuxième temps, sens ce à quoi tu as dit oui : à la vie en toi, à l'amour, à ce qui est vrai, à ce qui est important pour toi, à ta sœur qui te demande un service...

• Recommence en disant trois fois « non ». Sens ce à quoi tu dis non : à ta peur, à l'instance de ta sœur, à ta colère, à tout ce qui veut entrer dans le cercle alors que ce n'est pas le bon moment. Ne porte aucun jugement sur ton « non ». Réalise que ton « non » est aussi légitime que ton « oui ».

• Tourne la tête et regarde autour de toi. D'abord à droite, puis à gauche, en prenant ton temps pour tout observer. Grâce à ta main posée sur le sol, tu es en rapport avec le centre. Grâce à ton regard, tu embrasses la périphérie : tu es au centre du cercle où tu as posé tes limites, mais tu n'es pas enfermé(e) dans ta bulle. Tu peux regarder avec présence et distance tout ce qui est au-delà du cercle de protection.

• Clos le rituel en t'adressant à l'animal qui a gardé ta porte : « Merci loup (ou renard ou lapin…) de protéger ce cercle et de me laisser trouver ma place. »

• Récupère le papier sur lequel tu avais écrit le nom de l'animal (ou sa photo) et conserve-le avec toi – dans un livre, dans ton sac : il est un symbole de la protection qui te rappellera ce cercle et ta capacité à dire « oui » ou « non » de manière juste.

• Reprends les objets que tu avais disposés pour former le cercle, remercie-les de t'avoir aidé(e) à accomplir ce rituel et remets-les à leur place.

Rituel n° 5

J'écoute mon corps

(porte blanche)

Ton corps n'est pas une machine, un outil que tu utilises et auquel tu octroies quelques heures de répit la nuit. Tu sais d'ailleurs que ce répit ne sert à rien : de plus en plus souvent, tu te sens flottant(e), comme si tu n'étais pas vraiment incarné(e), et cela se manifeste par un manque d'énergie, une déprime, une incapacité à réaliser tes désirs (et même à les formuler). En fait, à force de maltraiter ton corps, de le mépriser, tu ne sais plus ce que tu fais sur cette terre.

Ton corps a droit à ton respect, il est ton espace d'habitation. Il n'est pas qu'une mécanique, même s'il est inséparable de cette mécanique. Il est vivant, il détient des informations, il sait des choses. Beaucoup de traditions considèrent que le corps est aussi spirituel, dans le sens où il est ton allié qui t'aide à t'accomplir et à réaliser ce qui importe pour toi.

Tant que tu es coupé(e) de lui, c'est-à-dire tant que tu n'habites pas ta maison qu'est ce corps, tu es coupé(e) de l'énergie, de la force vitale, de tout ce qui donne de la force, de la puissance, de l'allant, de la joie. As-tu observé le bonheur d'un enfant qui court ? Plus il court, plus il est en connexion intime avec son corps, plus il « est » son corps, plus il est heureux…

*

À TOI DE JOUER

Grâce à ce rituel, tu cesseras d'oublier ton corps, de l'instrumentaliser – ou de regretter de ne pas être dans la peau d'un ou d'une autre. Tu vas réveiller ton corps et apprendre à l'habiter.

• L'idéal est d'être pieds nus dans un jardin, le matin, en contact avec la rosée qui symbolise le renouveau de la vie. Tu peux cependant effectuer ce rituel chez toi, dans ton appartement, les pieds bien ancrés au sol pour sentir que ton corps est en rapport avec la terre.

• Parfume un bol d'eau avec une épice ou une herbe qui, pour toi, symbolise la vitalité que tu veux retrouver : trois grains de poivre, des graines de coriandre, quelques feuilles de menthe, des pétales de rose...

• Lève les bras quelques secondes : tu es en rapport avec le ciel. Ton corps est ce qui joint la terre solide qui te tient et le ciel vaste et ouvert.

• Plonge tes doigts dans l'eau, à tour de rôle et dans l'ordre que je t'indique, et pose le doigt que tu as humecté sur la partie du corps que je t'indique aussi. À chaque étape, prononce la phrase qui lui correspond :

Avec l'index, qui est le sage ou le conseiller, humecte ton front en disant : « Je suis celui (ou celle) que je suis. »

Avec l'annulaire, qui est l'ami ou le compagnon, humecte ta gorge en disant : « Je parle en mon propre nom. »

Avec le majeur, le roi qui commande et décide, tu touches ton cœur : « J'ai le droit de sentir ce que je sens. »

Avec le pouce, l'artisan, celui qui fait, qui permet d'agir et d'œuvrer dans la vie, tu touches ton nombril : « Il n'y a pas d'autre vie que ma vie, dans son mouvement à elle. C'est ma vie que je vis. »

• Pose tes cinq doigts sur tes pieds – les quatre premiers, que tu as utilisés, protègent le cinquième, l'auriculaire, l'enfant fragile, et dis : « Je me tiens comme je suis et j'en suis fier(ère). »

• Serre ensuite tes mains paume contre paume, non pas en prière mais perpendiculaires l'une à l'autre, les doigts de chaque main se refermant sur l'autre main, comme si tu te serrais la main à toi-même. C'est l'unité complète de tout ton être que tu salues en acceptant totalement ton corps physique, émotionnel et spirituel.

• Clos le rituel en disant : « Je te remercie, mon corps, tu es un ami fidèle… »

• Verse l'eau du bol, au-dessus de l'évier, sur tes mains, en répétant : « J'assume d'être qui je suis. »

Rituel n° 6

L'ange gardien – La leçon de Socrate

(porte bleue)

Socrate, le père de la philosophie et de ce qui, pour nous, est le triomphe de la raison et de la dimension scientifique, explique, à notre surprise, qu'il était toujours très respectueux de ce qu'il appelle son daïmon (et qui ressemble à ce que nous nommons l'ange gardien). Un daïmon qui, affirme-t-il, est intervenu dans les décisions essentielles de sa vie, l'encourageant soit à surmonter les obstacles, soit à avoir le courage de s'arrêter quand l'action n'est pas juste.

Quand il entame son dialogue du *Phèdre*, Socrate se lance dans un discours intellectualisant l'amour. Son daïmon l'interrompt : ce discours-là est une offense à Éros, il n'a aucun sens, aucun substrat. Que fait Socrate ? Il présente ses excuses à son auditeur et reprend son discours dans une tout autre perspective. Il ne considère plus l'amour comme une faute qui aveugle, mais comme une merveille qui nous porte au meilleur.

Pour Socrate, le daïmon ne relève pas d'une croyance. Il s'agit d'une présence naturelle qu'il expérimente, qui n'est pas tout le temps à ses côtés mais apparaît aux moments importants comme quelque chose de plus grand en lui, qui lui parle. Cette expérience dépasse toute explication rationnelle. Kant la qualifiera de voix de la conscience. Mon professeur de philosophie, François Fédier, la nommait « la voix de l'ami en nous », une intelligence qui nous regarde et qui est en rapport à notre vie.

Nous possédons tous cette voix en nous. Mais nous ne l'écoutons pas ! C'est souvent trop tard que tu te rends compte qu'il t'aurait fallu suivre ce que nous appelons à tort une intuition ou une impression et que nous balayons au nom de la raison.

Il te faut parfois accepter d'écouter ton ange gardien. Il est la véritable voix de la raison.

*

À TOI DE JOUER

Tant que tu n'as pas dit bonjour à ton daïmon, que tu ne l'as pas reconnu, que tu n'as pas fait le vœu de lui donner de la place dans ta vie, tu ne pourras pas savoir qu'il est là, en toi, avec toi. Il te parlera et tu ne l'entendras pas. Ce rituel consiste à l'inviter et à le reconnaître.

• Pose devant toi un grand bol d'eau : il est comme un miroir reflétant ton esprit ainsi que la voix du daïmon au fond de ta conscience. Ce miroir est ta capacité à voir la réalité, donc à pouvoir écouter, sans être perturbé(e) par les peurs et la confusion.

• Dépose à côté du bol une bougie allumée (si possible de couleur blanche). Elle symbolise la clarté dont tu as besoin pour voir le daïmon qui lui-même t'éclaire dans la vie.

• Munis-toi enfin d'un gong ou, à défaut, d'une petite cloche. Un verre et une cuillère feront également l'affaire.

• Tu vas faire chanter ton gong (ou ton verre) à trois reprises en disant :

La première fois : « Merci daïmon d'être là et de me parler. »

La deuxième fois : « Je fais le vœu de donner dorénavant à mon daïmon de la place dans ma vie. »

La troisième fois : « Je tends l'oreille pour rester à l'écoute de ce qui me parle. »

• Bois une gorgée de cette eau pour te purifier puis éteins la bougie en trempant la mèche dans le bol, joignant ainsi la clarté à la lumière.

• Vide ton bol dans l'évier ou dans le lavabo en remerciant le daïmon pour sa présence en toi.

Rituel n° 7

Je me relie aux forces amies

(porte rouge)

Tu es face à un collègue qui te cherche noise, à un nouveau patron qui est cassant, voire brutal, à un voisin dont les récriminations te deviennent insupportables, à ton beau-frère ou ta belle-sœur dont l'attitude est écrasante ou qui sont trop envahissants. Ce sont des personnes que tu es obligé(e) de fréquenter mais qui te déstabilisent au point de te faire perdre tes moyens. Tu restes donc à distance, dans l'évitement. Mais cette position ne fait que renforcer les difficultés : tu ne sais pas ce qu'il se passe, tu ne t'expliques pas leur comportement, tu en arrives à te remettre toi-même en question pour chercher quelle est ta faute, où est ton tort.

Tu ressasses, tu te morfonds, tu te blesses, mais tu ne comprends pas. Il te manque la clé : le nœud émotionnel de la situation. Afin de la découvrir, il te faut trouver le chemin pour rentrer au cœur de l'énergie de cette situation, là où sont les forces de transformation, des forces amies auxquelles ce rituel te donne accès.

*

À TOI DE JOUER

Par ce rituel, tu vas t'extraire de la plainte et du jugement qui lui est concomitant (« il n'est pas gentil », « elle n'est pas respectueuse », « il me cherche querelle »...) dans l'objectif de faire évoluer la situation.

• Établis un espace de sécurité. Pour cela, munis-toi d'un objet qui, pour toi, symbolise la sécurité : une statuette, un bâton de rouge à lèvres, une pierre ramassée en forêt, un souvenir de ta grand-mère...

• Serre ton objet de protection dans ta main. Prends le temps de ressentir la confiance qu'il te donne. Pose-le ensuite devant toi.

• Assieds-toi et note sur un papier le nom de la personne qui te pose problème.

• Regarde objectivement ton problème, énonce le fait tel que tu le vis : « Ce voisin est impoli », « Mon patron est cruel, brutal, inhumain »...

• Une fois que tu as énoncé le fait, tu vas écouter ce qu'il éveille émotionnellement en toi : « Je me sens humilié(e), ou blessé(e), ou nié(e), ou rejeté(e), ou maltraité(e), ou pas respecté(e)... »

• Prends appui sur la force qui est tienne, sur ta porte dominante. Elle a la capacité de t'aider dans cette situation. Pour l'invoquer, commence par sentir sa couleur. Respire profondément. Tu n'as pas besoin de réfléchir, de penser, laisse-la juste colorer tout ton être, te remplir. Tu te sens complètement bleu(e), complètement jaune...

• Remercie cette énergie qui est en toi, et que tu as invoquée, de t'assister : « Forces amies, merci d'être là, je vous demande votre aide pour affronter la situation. »

• Tu n'as plus besoin de ton objet de protection : ta force te protège. Repose-le à sa place.

Dans ce rituel, tu as commencé par reconnaître le problème et oser le nommer objectivement et subjectivement. Il est déjà moins menaçant parce que tu l'as vidé de tout ce que tu avais projeté sur lui. Tu as pris conscience de tes forces, de ton énergie. Tu as beaucoup moins peur de ton voisin, de ton patron : ils sont devenus des problèmes ordinaires.

Rituel n° 8

Le pouvoir de la compassion

(porte rouge)

En sanskrit, *karuna* signifie tendresse, la capacité humaine d'être touché. Ce mot a été traduit en français par « compassion »... et il a changé de signification. *Karuna* désigne le fait d'être ému, de se sentir concerné par la souffrance de l'autre, d'être hospitalier, d'avoir de l'allant. C'est la noblesse du cœur humain, ce qui nous différencie des machines et des robots. Or, pour nous, avoir de la compassion est devenu « souffrir avec »...

La compassion dont je vais te parler est la *karuna*. Elle surgit quand tu laisses tomber la carapace que tu as édifiée autour de toi en imaginant te protéger ainsi du monde. En réalité, cette carapace te coupe à la fois de toi-même (de ton propre chagrin, de ta propre joie, de ton désir...) et des autres (leurs chagrins, leurs joies, leurs désirs...). Elle ne te protège de rien, elle t'ensevelit sous son poids.

Libère-toi de cette carapace qui est une prison. Ose la compassion. Elle est l'humanité en toi, elle a le pouvoir de te montrer, en même temps que la souffrance de l'autre, les ressources qu'il y a en toi. Des ressources inépuisables dont tu ne peux même pas imaginer l'ampleur et l'abondance.

Tu la reconnaîtras à un signe infaillible : la joie que tu as de faire ce que tu fais, parce que tu trouves du sens à ton action. La compassion est inséparable d'un souffle, d'une énergie, d'une force qui sont le propre de la spiritualité et du mouvement de l'amour qui la porte.

Issu d'une lignée royale, Naropa, un très grand érudit d'Inde, se mit un jour en tête d'atteindre la réalisation spirituelle. C'était au XIe siècle. Le voilà parti sur les routes à la recherche de celui qui deviendrait son maître. Il marchait quand il croisa une vieille lépreuse qui lui barrait le chemin. Il l'apostropha : « Pousse-toi, je suis pressé, je dois atteindre la réalisation spirituelle. » Sans même le regarder, elle lui rétorqua : « Comment crois-tu te réaliser si tu es sans cœur ? Tu n'as aucune chance d'y parvenir ! » À partir de ce moment, Naropa prit conscience que s'il comprenait tous les mots, il n'en connaissait pas le sens parce qu'il ne les avait pas vécus dans sa chair. Parce qu'il n'avait pas de cœur, pas de *karuna*. Ce jour-là, sa carapace s'ébrécha. Il est aujourd'hui considéré comme l'un des grands maîtres du bouddhisme tibétain…

*

À TOI DE JOUER

Ce rituel vise à te libérer de la carapace qui t'enferme tout en réveillant le pouvoir de la compassion qui est en toi. Tu n'auras plus peur de ta vulnérabilité, tu ne craindras plus d'ouvrir ton cœur parce que tu assumeras le fait d'être touché(e).

• Inscris sur un papier les noms d'une, deux ou trois personnes qui te touchent particulièrement : elles te tiennent à cœur, elles éprouvent du chagrin, de la tristesse, ont des problèmes. Si tu effectues ce rituel pour la première fois, contente-toi de situations simples. Quand tu te familiariseras avec lui, tu pourras choisir des personnes en grande ou très grande souffrance.

• Saisis-toi d'un châle (ou d'une serviette de toilette), regarde-le et parle-lui : « Châle (ou serviette), tu représentes la peur que j'ai de m'ouvrir à la douleur parce que ce n'est pas forcément confortable. »

• Pose-le sur ta tête et rabats-le sur ton visage. Tu ne vois plus rien. Tu peux t'avouer la vérité :

« J'ai peur de ne pas être à la hauteur, de ressentir la douleur de X, Y, Z (les noms que tu as notés), de ne pas réussir à ouvrir mon cœur. »

• Ôte le châle ou la serviette qui t'entravait la vue. Pose-le de côté et dis à voix haute : « J'accepte d'être touché par le chagrin de X, Y, Z. »

• Dénude ton avant-bras droit – la nudité est le symbole de la compassion – et dis : « J'accepte d'être à nu, d'arrêter de me protéger. »

• Pose ton papier sur la paume de ta main et souffle sur lui à cinq reprises en disant à voix haute, après chaque souffle :

1. « Puisse ta douleur, X, Y, Z, disparaître. »
2. « Puisse mon souffle être habité de toute la joie que j'ai en te souhaitant d'être délivré(e) de ta douleur. »
3. « Puisses-tu, par mon souffle, retrouver la joie qui est la tienne. »
4. « Puisse ce souffle te libérer complètement. »
5. « Puisse mon énergie te soutenir profondément. »

Parfois, ce rituel peut aider la personne qui souffre à aller mieux. Mais son rôle premier est de nous délivrer de notre propre peur, de notre empêchement, de notre sentiment de ne pas être à la hauteur, de ne pas pouvoir agir. Il retisse un lien de compassion naturelle et très simple avec l'autre. Tu es heureux(se).

Rituel n° 9

Le rituel tibétain de l'offrande du festin

(porte jaune)

Au Tibet, comme partout dans le monde, les célébrations sont souvent accompagnées d'un festin : on mange parce que l'on célèbre la vie en nous. Ces festins sont marqués par des offrandes aux déités : des aliments, des épices, des fleurs, de l'encens… Mais aussi, et cela ne cesse d'étonner les Occidentaux que nous sommes : chaque convive offre… ses difficultés, ses emmerdes, ses peurs, sa colère, sa jalousie, ses haines. L'objectif n'est pas de se débarrasser de ces poids, mais de prouver aux dieux que l'on est sincère, honnête avec eux. On ne leur dissimule rien, on leur remet tout, en toute transparence. Et il est dit que les dieux préfèrent ces offrandes-là à toutes les autres.

La sincérité est l'une des clés du bonheur. Avec mon amoureux, avec ma meilleure amie, n'est-il pas en effet plus sain de dire la vérité plutôt que de ruminer, de ressasser et d'aller inéluctablement vers une atrophie de la relation quand elle est bâtie sur les non-dits ou les mensonges ? Tu leur fais confiance, alors ne tais pas que tu es maladroit(e) ou peureux(se) ou timide, que les chaussettes qui traînent sur le canapé te hérissent, que leurs excès d'enthousiasme font peur à ton tempérament plus calme, que tu as des difficultés au travail. La personne en face de toi ressent ta confiance. Par cette offrande, votre relation est transmutée, elle gagne en justesse et en vérité.

*

À TOI DE JOUER

Ce rituel est extrêmement puissant. Il transforme le fruit empoisonné en remède. Il est une célébration de la vie, de l'énergie, de la fécondité, de la vitalité.

• Tu as besoin d'un bocal, de vinaigre blanc, d'un papier et d'un crayon.

• Choisis trois aliments qui symbolisent pour toi la vitalité que tu veux retrouver. Des aliments qui te font plaisir, donc qui t'aident à te sentir vivant : un carré de chocolat, un fruit, une petite part de fromage ou de gâteau.

• Pose-les devant toi, observe-les, prends le temps de sentir que les déguster va te réjouir.

• Pense maintenant à ce qui t'est douloureux dans la vie, que tu aimerais rejeter, oublier : ta timidité hier face à ton patron, la blessure que t'a occasionnée la remarque d'une amie. Nomme-les, sans plus, et note-les sur un papier.

• Dépose ce papier dans un bocal en verre transparent, verse du vinaigre blanc jusqu'à le recouvrir entièrement et dis à voix haute : « Puisse ce vinaigre dissoudre mon problème. »

• Ferme le bocal et reviens à tes aliments, c'est-à-dire à ton festin. Mange en te réjouissant d'avoir eu l'honnêteté de reconnaître tes difficultés et en laissant œuvrer le vinaigre qui symbolise la puissance de transmutation.

• Une fois ton repas achevé, place le bocal dans un lieu où il sera visible par toi. Tu le laisseras à cet endroit pendant une semaine. Chaque fois que ton regard se posera sur lui, tu verras le vinaigre agissant, qui dissout les mots et représente la capacité de ton cœur à se purifier, quels que soient les obstacles et les erreurs que tu as pu commettre.

• Au bout d'une semaine, verse le vinaigre dans l'évier en étant très attentif(ve), très présent(e) à ce qu'il se passe. Idéalement, convoque ton énergie dominante afin qu'elle te protège. Quant au papier, désormais délavé, retire-le du bocal et jette-le à la poubelle.

• Lave toi-même le bocal à la main. Tu pourras le remettre sur tes étagères de cuisine pour un usage ordinaire.

Au cours de ce rituel, tu as pu te réjouir de manger tout en reconnaissant tes problèmes, tes difficultés. Tu n'as été ni dans la peur ni dans le déni, mais dans l'honnêteté. Tu as été en rapport étroit avec tes énergies. Tu peux désormais repartir de zéro.

Rituel nº 10

Le rituel du pardon intérieur

(porte bleue)

Nous commettons tous des erreurs, certaines sont graves, d'autres moins. Et nous les regrettons. Parfois, ces regrets deviennent ressassements. Nous nous répétons la scène en boucle, nous nous sentons en faute, coupables. Les « j'aurais dû » et les « il n'aurait pas fallu » en viennent à nous empêcher de vivre heureux.

Le pardon dont je vais te parler est celui de la tragédie grecque, construite selon un rituel immuable qui ne consiste pas à effacer l'erreur mais à l'aborder selon un processus qui commence par une reconnaissance de l'erreur qui est clairement nommée, en prélude à la réconciliation. C'est ainsi qu'un ordre nouveau peut apparaître, et avec lui tous les possibles.

Reconnaître un problème n'est pas seulement se le remémorer, c'est être capable de le désigner, de le regarder objectivement de manière à créer un espace entre cet acte que j'ai commis et ce que je suis. Reconnaître le problème, c'est réussir à s'en dissocier : je ne suis pas condamné à n'être que cet acte, à n'être que la personne qui a blessé l'autre. C'est revenir à une dimension plus ample de moi-même. Je ne me dédouane pas, mais je constate que cet acte était finalement souvent moins grave que toute la construction que j'ai par la suite élaborée dans ma tête.

Le rituel du pardon intérieur procède à l'inverse de la manière dont nous agissons habituellement : trouver des justifications, s'en vouloir, s'excuser, se dédouaner ne sont pas des solutions. Ce sont même des erreurs qui t'alourdissent, t'empoisonnent, te coupent de ton énergie. Pour te pardonner, tu vas d'abord prendre simplement, amplement, la responsabilité de ton acte…

*

À TOI DE JOUER

• Tu as besoin d'un plat en terre (ou à défaut en céramique), d'un papier et d'allumettes.

• Assieds-toi, prends le temps de noter sur le papier l'acte que tu voudrais te pardonner : tu as blessé ton frère, tu as été injuste avec ta collègue ou ton enfant…

• Tiens ce papier dans ta main gauche, qui est liée au passé, et dis : « Je reconnais ce qui a été fait et que je regrette. Ce qui a été fait est passé et je vais m'en libérer. »

• De la main droite qui ouvre l'avenir, craque une allumette, enflamme le papier (sans te brûler) et pose-le sur le plat afin qu'il se consume. Regarde-le se réduire en cendres en disant : « La faute est consumée. Puisse cette prise de conscience m'aider à ne plus la commettre. »

• Quand il ne reste plus que des cendres dans ton plat, tiens-le devant la fenêtre et souffle sur ces cendres pour les laisser partir au vent.

Ce rituel est un acte réparateur mais il ne te dispense pas de prendre la responsabilité de réparer les blessures que tu as causées. Pour le compléter, appelle ton frère, ta collègue ou ton enfant et redis-leur, même si tu l'as déjà fait, que tu es désolé(e) et regrettes l'acte que tu as commis.

Rituel n° 11

Rituel pour retrouver sa part d'âme

(porte verte)

Dans la plupart des cultures, l'âme est un principe de vitalité qui est au cœur de la vie : elle est l'anima des Grecs, le Qi des Chinois, la part d'énergie qui est en chacun de nous.

Tu connais, nous connaissons tous, des personnes qui ont la faculté de nous « vider ». La mère de l'un de mes proches amis est dépressive. Elle ne va pas bien. Chaque fois qu'il lui rend visite, il passe lui-même des heures à s'en remettre : il sent qu'il n'a plus aucun désir, aucune envie, aucune énergie. Qu'il a été pillé.

Il n'a pas tort. Je ne porte aucun jugement moral sur ces personnes, elles-mêmes ne se rendent pas compte qu'elles volent l'énergie des autres, faute de trouver en elles le chemin de leurs propres ressources, des forces dont elles sont coupées, de leur spiritualité. Mon ami continue d'espérer, à chacune de ses visites, réussir à transmettre un peu de son énergie à sa mère. Mais c'est vain : tu peux aider l'autre à retrouver l'énergie en lui, mais tu ne pourras jamais la lui offrir comme un cadeau. Et cet autre continuera de te voler ton énergie sans parvenir pour autant à se ressourcer.

Dans certains cas, ce vol est d'une violence inouïe. Ta part d'âme reste alors ailleurs, te condamnant à être prisonnier ou prisonnière d'une ancienne relation, d'une histoire impossible, inachevée.

Retrouver ta part d'âme implique de purifier, de restaurer puis de protéger ton énergie spirituelle qui a été abîmée et aliénée. Tel est l'objectif de ce rituel.

*

À TOI DE JOUER

Il est important que tu sois seul(e), si possible dans l'appartement ou la maison, au moins dans la pièce dans laquelle tu vas effectuer ce rituel.

• Choisis un bol qui te plaît vraiment et remplis-le d'eau – elle est destinée à la purification. Glisse dans l'eau deux ou trois filaments de safran, une plante aux vertus antiseptiques, comme l'ail ou le piment, mais qui est également très douce. À défaut de safran, additionne ton eau d'une goutte d'alcool blanc. Le safran ou l'alcool permettront de brûler ce qui est mauvais, mais sans violence.

• Avec cette eau, humecte-toi les cheveux, le visage puis les mains (garde une serviette à côté de toi au besoin) tout en disant, à voix haute : « Par cette eau, je retrouve ma pureté naturelle et j'efface ce qui a été souillé. » C'est la première étape, celle de la purification.

• La deuxième étape est celle de la restauration de l'énergie qui a été blessée. Mets-toi debout si tu le peux, tends légèrement les bras, tes paumes tournées vers le ciel pour recueillir son énergie. Prends le temps de sentir cette énergie qui te vient. Pose ensuite ta main droite sur ton cœur, puis ta main gauche au-dessus de la main droite. Tu rassembles ainsi l'énergie sur ton cœur. Prends le temps de le sentir, puis dis : « Je me sens vidé(e) et dispersé(e), je me rassemble à présent. Je prends ce qui est mien. »

• Enfin, dans une troisième étape, tu vas chasser ce qui te vole ton énergie. Lui dire non. Tu vas frapper dans tes mains en faisant du bruit – le bruit chasse l'énergie néfaste qui t'a envahi(e). Frappe à trois reprises dans chacune des huit directions, en tournant autour de la pièce et en répétant huit fois : « Puisse ce qui me menace et vient me voler mon énergie s'en aller sur-le-champ. »

• Si tu connais la personne qui te prend ton énergie, tu peux t'adresser à elle : « X, je t'aime beaucoup (ou j'ai du respect pour toi, ou je comprends ton désarroi…), mais je ne te laisserai plus voler mon énergie. En me protégeant, je serai plus à même d'avoir une relation saine avec toi. »

• Pour clore le rituel, bois une gorgée de l'eau du bol et, sur l'évier, verse l'eau restante sur tes mains afin d'achever le travail de purification.

Rituel n° 12

Le rituel de la souveraineté

(porte verte)

Devenir souverain de sa propre vie, c'est retrouver l'autorité sur elle, c'est-à-dire le pouvoir de s'accomplir, de se réaliser, de mettre en œuvre son désir. C'est surmonter le redoutable sentiment de n'être jamais à la hauteur, jamais à sa place, jamais en confiance. C'est la puissance profonde de la vie : on est souverain(e) quand on ne s'excuse pas d'être et qu'on laisse l'énergie de la vie venir à nous.

Au niveau spirituel, la souveraineté n'est pas la proclamation d'un moi indépendant, orgueilleux, séparé du monde, mais au contraire d'un moi qui coïncide avec l'énergie du monde, qui est en accord avec le monde, en lien avec lui et avec les autres. C'est une évidence : quand tu passes un examen, quand tu as un rendez-vous, quand tu participes à une réunion, tu ne réussis pas l'épreuve en t'enfermant dans ta bulle, mais en retrouvant ta propre énergie et en t'assurant que celle-ci est à l'unisson de ce qui t'entoure.

Restaurer sa souveraineté consiste à te réaccorder avec l'énergie du monde. C'est ainsi, et seulement ainsi, que sera restauré ce que l'on appelle, en termes psychologiques, la confiance en soi, et qui, dans la dimension spirituelle, porte le nom d'intégrité intérieure.

*

À TOI DE JOUER

Un bâton est au cœur de ce rituel. Il signifie la souveraineté. On en retrouve l'usage dans un certain nombre de traditions sous la forme du bâton de parole utilisé lors des assemblées : seul celui qui le tient a le droit de parler, les autres écoutent jusqu'à ce qu'arrive leur tour de tenir le bâton. Il est également le sceptre que tient le roi quand il est en rapport à sa souveraineté.

• Tu auras besoin d'un bâton d'une trentaine ou d'une quarantaine de centimètres. Si tu en as la possibilité, ramasse un bâton en bois lors d'une promenade en forêt (sinon, une règle ou une cuillère en bois peuvent aussi faire l'affaire). Prépare également un foulard (ou un bandana, ou un mouchoir).

• Assieds-toi, chez toi, confortablement, dans un bon fauteuil. Tiens le bâton et dis à voix haute : « Avec tout ce que j'ai vécu, je prends le bâton qui symbolise mon pouvoir. Je n'ai pas peur d'être qui je suis, maintenant et demain. »

• Noue le foulard (ou le mouchoir) près de l'extrémité supérieure du bâton. Il t'aidera à saisir le sens de l'énergie autour de toi.

• Lève-toi en tenant ton bâton verticalement devant toi. Marche à travers la pièce tout en traçant des « 8 » en l'air avec ce bâton.

• Sens ton pouvoir. Ce geste ample signifie que tu rentres dans le monde, que tu n'as pas peur du monde dont tu mobilises les énergies. Continue d'avancer tout en répétant (et en prenant le temps de t'imprégner de la puissance de cette phrase) : « Que la force du bâton irradie dans l'espace. »

• Poursuis ce rituel pendant trois à cinq minutes, plus si tu en éprouves le besoin ou l'envie. Ton bâton, qui symbolise ta souveraineté et ton pouvoir, entre en rapport au monde que tu explores par le mouvement des « 8 » que tu traces. Il n'est pas centré sur toi. À trois ou quatre reprises, tu diras : « Mon pouvoir entre dans le monde. » Prends le temps de sentir que l'énergie, la vitalité déployées par le bâton ne sont pas centrées sur toi, que ton autorité est agissante, qu'elle est là pour t'aider à agir sur le monde et à t'accomplir dans le monde.

• Quand tu as fini de tracer les « 8 », frappe à cinq reprises avec le bâton sur le sol. À chaque coup, répète : « Cette énergie est désormais mienne. »

• Dénoue le foulard et libère ainsi le bâton de son rôle pour qu'il puisse redevenir… une règle ou un bâton.

Si tu sens que ce rituel te convient, qu'il est bon pour ton énergie, tu ramasseras, au cours d'une promenade, un bâton en bois « qui te parle » et tu te procureras un petit foulard de couleur blanche. Tu les réserveras à ce rituel. Dans ce cas, tu laisseras le foulard noué au bâton, chez toi, pour symboliser ta souveraineté et te la rappeler à tout moment.

Remerciements

Je remercie Djénane Kareh Tager sans qui je n'aurais pu faire ce livre et avec qui je m'amuse tant.

Merci à Guillaume Robert pour son accompagnement sans faille et plein de tendresse.

Merci à Susanna Lea pour sa confiance et sa vision.

Merci à Anne Blondat et Aurelie Grao qui avec tant de finesse et d'amour aident mes livres à rencontrer leurs lecteurs.

Merci à Alexis Bedjaoui, Benjamin Couchot, Alexandre Agostini et Mathieu Brégégère pour leur enthousiasme à faire exister l'École de méditation, espace incroyable où je peux présenter les enseignements présentés dans ce livre.

Je voudrais aussi remercier Valérie Bonnelle, Docteur en neurosciences, *scientific officer* de la Fondation Beckley qui a accepté avec tant de finesse et de générosité à partager son savoir sur les liens aujourd'hui établis entre neuroscience et spiritualité.

Du même auteur

Mieux vivre

Foutez-vous la paix !, Flammarion|Versilio, 2017.
Sauvez votre peau !, Flammarion|Versilio, 2018.
Traité de morale pour triompher des emmerdes, Flammarion|Versilio, 2019.
Narcisse n'est pas égoïste, Flammarion|Versilio, 2019.
3 minutes de philosophie pour redevenir humain, Flammarion|Versilio, 2020.
Comment rester serein quand tout s'effondre, Flammarion|Versilio, 2020.
Suis-je hypersensible ?, Flammarion|Versilio, 2021.
Suis-je hypersensible ?, Le cahier pratique – 40 situations – 40 solutions, avec Nathalie Latrille, Flammarion|Versilio, 2021.

Philosophie

Risquer la liberté, vivre dans un monde sans repères, Le Seuil, 2009.
La Voie du chevalier, Payot, 2009.

L'Amour à découvert, retrouvez une manière authentique d'aimer, Le Livre de poche, 2012 (paru en 2009 sous le titre *Et si de l'amour on ne savait rien*, Albin Michel).

Conférences de Tokyo. Martin Heidegger et la Pensée bouddhique, Cerf, 2012.

Auschwitz, l'impossible regard, Le Seuil, 2012.

La Tendresse du monde, l'Art d'être vulnérable, Flammarion, 2013.

Comment la philosophie peut nous sauver ?, Flammarion, 2015 (Pocket, 2016).

Poésie et art

La Photographie, Éditions du Grand Est, 2007.

Comprendre l'art moderne, Pocket, Agora, 2007.

Jackson Pollock ou l'Invention de l'Amérique, Éditions du Grand Est, 2008.

Rainer Maria Rilke, L'Amour inexaucé, Le Seuil, 2009.

Pourquoi la poésie ? L'héritage d'Orphée, Pocket, Agora, 2010.

Petite Philosophie des mandalas : méditation sur la beauté du monde, Le Seuil, 2014.

Méditation

Méditations, 12 méditations guidées pour s'ouvrir à soi et aux autres, Audiolib, 2011.

Pratique de la méditation, Le Livre de poche, 2012.

Méditations sur l'amour bienveillant, Audiolib, 2013.

La Méditation, PUF, coll. « Que sais-je ? », 2014.

Frappe le ciel, écoute le bruit, Pocket, 2015.
Méditer pour avoir confiance, 12 méditations guidées pour surmonter peur, angoisse et découragement, Audiolib, 2015.
Être au monde, 52 poèmes pour apprendre à méditer, Les Arènes, 2015.
Méditer, laisser s'épanouir la fleur de la vie, Marabout, 2016.
Méditer pour les nuls, First, 2021.